公務員の賃金

現状と問題点

早川征一郎＋盛永雅則＋松尾孝一 編著

旬報社

はしがき

　21世紀に入り，日本の公務員賃金水準の引き下げが相次いでいる。2000年から2015年という16年間の人事院勧告を見ると，基本給引き上げ勧告はたった3回で，基本給引き下げか引き上げなし勧告と勧告なしが，実に13回に及んでいる。とりわけ2006年に開始された給与構造改革，2014年からの給与制度の総合的見直しに代表される公務員賃金制度改革は，単なる制度改革ではなく，実際には基本給を引き下げ，その原資をもって制度改革を行うものであった。おまけに，2011年の東日本大震災を契機とする財源難を理由に，2012年より2年間の期限付きではあったが，平均7.8％の賃下げが実施され，水準低下に一層，拍車をかけた。

　イギリス，フランス，ドイツ，アメリカという先進4ヵ国を例にとると，「過去数十年間，国家公務員の給与水準が引き下げられた例はない」（人事院『公務員白書・平成24年版』）のであり，日本における事態がいかに異常であるかが分かる。

　こうした公務員賃金水準の引き下げは，公務員賃金決定の社会的経済的影響を考えれば，さらに民間賃金水準の押し下げへと波及しているのは間違いない。それだけでなく，賃金水準引き下げ＝「負」の波及サイクルは，個人消費に依拠した国内経済の健全な発展を妨げている憂慮すべき事態であることを意味している。

　そのうえで，公務員賃金については，賃金水準の引き下げだけでなく，職務給原則の形骸化ともいうべき地域別の賃金格差拡大がともなっており，全国斉一な行政サービスの提供という観点からも，とうてい容認することのできない方向に突き進んでいる。

　そのような公務員賃金をめぐる全体状況に鑑み，日本における公務員賃金問題を全面的に捉え直すことが，現在，必要な時期にきているのではないか。

ところが、それにもかかわらず、公務員賃金をめぐる類書は、解説的な書を含めても、近頃、ほとんど見当たらないのが実情である。

　本書は、そのような状況認識に基づき、日本の公務員賃金問題の現状認識と状況打開のための考え方を提起することを課題としている。そのために、①公務員賃金決定の法制度的仕組み、②賃金決定制度とりわけ人事院勧告制度とその歴史および現状、③公務員賃金決定の社会的経済的影響など多面的な角度から解明し、④それにより、現在の国と地方公務員の賃金をめぐる問題状況の解明を行おうとするものである。

　そうした課題達成を期して発足したのが公務員賃金研究会であり、2013年7月に発足して以来、今日まで研究活動を続けてきた。研究会メンバーは次の5人である。
　鬼丸朋子（中央大学経済学部准教授）、松尾孝一（青山学院大学経済学部教授）、西口　想（国公労連書記）、盛永雅則（国公労連顧問、行財政総合研究所理事）、早川征一郎（法政大学名誉教授）
　研究者3人と公務労働組合運動に携わる国公労連2人のコラボレーションであり、原則として月一回の割合で研究会を開き、意見交換を行ってきた。研究テーマは、公務員の労働基本権問題に始まり、公務員賃金制度の歴史と現状、公務員賃金決定の社会・経済的影響、公務員賃金政策の現状と動向など、本書でカバーする問題領域全般に及んだ。いずれの問題についても、"理論"と"実践"の両側面からのアプローチと認識が可能であったのは、研究会メンバーの構成から明らかであろう。
　そうした研究活動を経て、やがてその成果を一冊の本にまとめようということになり、ここに世に問うのが本書である。

　本書の目次構成は、次のとおりである。
　序章　公務員賃金とは何か
　第1章　公務員賃金決定と人事院勧告制度
　第2章　人事院勧告制度下の公務員賃金決定
　第3章　国家公務員賃金の現状と問題点

  1　給与構造改革と給与制度の総合的見直し
  2　変貌する公務員給与制度—現行給与制度の問題点
  3　人事評価の現状と課題
  4　非正規国家公務員の現状と賃金
 第4章　地方公務員の賃金
 第5章　公務員賃金決定の社会・経済的影響
  1　公務員賃金決定の社会的影響
  2　公務員賃金決定の経済的影響
 終章　公務員賃金決定と労働基本権

　序章は，公務員賃金問題に進む前提となる事項についてである。賃金とは何かに始まり，とくに公務労働および公務員賃金について考える場合の基礎的事項をまとめたものである。
　第1章　公務員賃金決定と人事院勧告制度は，公務員賃金決定における決定諸原則と人事院勧告制度の意義と役割を明らかにしている。
　第2章　人事院勧告制度下の公務員賃金決定は，人事院勧告制度下における人事院勧告の歴史を振り返り，現状の到達点を確認する章である。
　第3章　国家公務員賃金の現状と問題点は，とくに2000年代における国家公務員賃金問題のうち，給与構造改革と給与制度の総合的見直し，実施された新人事評価制度の現状と問題点を解明している。
　第4章　地方公務員の賃金は，地方公務員賃金決定の仕組みと賃金決定の実態およびその問題点を明らかにしている。
　第5章　公務員賃金決定の社会・経済的影響は，まず公務員賃金決定が社会的にどのように準拠されているか，その影響範囲と人数を明らかにしている。経済的影響については，産業連関分析という手法に基づき，公務員賃金決定が地域経済にどのような影響を及ぼしているかを解明している。
　終　章　公務員賃金決定と労働基本権は，これまでの各章における考察を前提として，公務員賃金決定のあるべき姿を探るために，公務員賃金決定と労働基本権問題，公務員賃金水準および職務給原則に関する基本的観点を提起している章である。

なお，第3章および第4章では，とくに非正規の国家公務員および地方公務員について，それぞれ第3章4，第4章6を設けている。その場合，非正規公務員については，そもそも定員抑制・要員不足と関連する非正規公務員問題発生の由来，その雇用の不安定性や処遇上の問題など，全般についての解明が必要であった。それ故，非正規公務員問題全般の叙述の中で賃金問題を扱うように，重点の置き方を変えていることをお断りしておきたい。

本書は，前記の5人のメンバーからなる公務員賃金研究会の共同研究のまとめである。それぞれの執筆分担は次のとおりである。執筆にあたって自由に意見交換を行っているが，それぞれの執筆分担部分について，最終的には各執筆者が個人責任を負っている。

　序章，第1章，第2章，第3章4，第5章1，終章＝早川征一郎
　第3章1，2，第5章2＝盛永雅則
　第3章3＝西口　想
　第4章＝松尾孝一

公務員賃金研究会の共同研究にあたっては，研究テーマの必要に応じ，全労連調査局，日本医労連，自治労連（全労連），全労働省労組といったそれぞれの組織の役員から，聴き取りを行うことができた。いずれの方々も多忙な中で，快く聴き取りに応じていただいた。この機会に，心からのお礼の言葉を差し上げることにしたい。

この際，この場を借りて，若干の個人的感懐を述べることをお許しいただきたい。本書の編著者の一人である早川にとって，本書は，早川征一郎・松井朗共著『公務員の賃金―その制度と賃金水準の問題点』（労働旬報社，1979年）のいわば新版を意味する書でもある。同書は，松井朗氏（国公労連中央執行委員，故人）との共同研究によるものであった。同書刊行以来，すでにもう36年が経過している。

その後，国公労連編『公務員賃金闘争読本』（学習の友社，1990年）が刊行された。国公労連では，とくに田口智久氏（国公労連副委員長，故人），伊藤

良文氏（当時，国公労連書記）が中心となり，早川が同書の企画と分担執筆に参画した。同書刊行からも，すでに四半世紀が経過した。

　それら二つの書の刊行がなかったならば，おそらく本書の刊行もなかったであろう。その意味で，二つの書および本書は，早川にとって国公労連との長年の交流関係における三部作として，感慨深いものがあることを付記させていただく。

　最後になったが，昨今の厳しい出版事情にも関わらず，本書の出版を快く引き受けていただいた旬報社の木内洋育社長にお礼申し上げたい。2012年に出版された早川征一郎・松尾孝一『国・地方自治体の非正規職員』と同様，入稿から刊行に至るまで，終始，親身に面倒を見ていただいた。
　ここに心からの感謝の意を表明して，「はしがき」の結びとしたい。

2015年12月

執筆者を代表して
早川　征一郎

目　次

はしがき……………………………………………………………………　3

序章　公務員賃金とは何か………………………………………………　11

1　賃金の本質と賃金水準，賃金形態・体系 ……………………………　11
2　公務労働と公務員労働者 ………………………………………………　14
3　公務員賃金とは何か ……………………………………………………　17

第1章　公務員賃金決定と人事院勧告制度……………………………　21

1　公務員の労働基本権 ……………………………………………………　21
2　公務員賃金の決定原則 …………………………………………………　24
3　情勢適応原則の具体的基準
　　――生計費，民間賃金準拠，その他の事情 ………………………　29
4　賃金決定諸原則と給与法の関係 ………………………………………　30

第2章　人事院勧告制度下の公務員賃金決定…………………………　35

1　公務員の種類と人事院勧告の適用範囲 ………………………………　35
2　人事院勧告の変遷と現状（1948〜2015年） ………………………　38

第3章　国家公務員賃金の現状と問題点………………………………　69

1　給与構造改革と給与制度の総合的見直し ……………………………　69
2　変貌する公務員賃金制度――現行賃金制度の問題点 ………………　78
3　人事評価の現状と課題 …………………………………………………　84
4　非正規国家公務員の現状と賃金 ………………………………………　109

第4章　地方公務員の賃金………………………………………………　119

1　本章の課題 ………………………………………………………………　119
2　地方公務員の賃金決定制度 ……………………………………………　120
3　地方公務員賃金決定システムの近年の改革動向と問題点 …………　128

4　地方公務員の賃金決定をめぐる自治体労使関係 ……………… 137
　5　地方公務員賃金決定システムの変容の問題点と今後の展望 …… 141
　6　非正規地方公務員の賃金 ………………………………………… 148

第5章　公務員賃金決定の社会・経済的影響 161

　1　公務員賃金決定の社会的影響 …………………………………… 161
　2　公務員賃金決定の経済的影響 …………………………………… 180

終章　公務員賃金決定と労働基本権 199

　はじめに　公務員賃金決定における二つの問題領域 …………… 199
　1　公務員賃金決定制度と労働基本権 ……………………………… 200
　2　公務員賃金水準，職務給原則 …………………………………… 207
　3　むすび …………………………………………………………… 210

参考文献・資料　　213
項目索引　　219

序 章
公務員賃金とは何か

　公務員賃金とは何かを理解するために，まず，そもそも賃金とは何かから話を始め，ついで賃金形態・体系について述べ，さらに賃金についての歴史的具体的な次元の話に進むことにしよう。そうした賃金についての理解を前提として，公務労働と公務員労働者および公務員賃金について述べることにする。

1　賃金の本質と賃金水準，賃金形態・体系

（1）　賃金の本質と資本主義社会

　賃金は経済学的には，労働者が使用者（資本家）に対し，みずからの労働能力＝肉体的精神的諸能力の総計を商品として売る場合の値段，すなわち労働力商品の価格である。ここで価格とは，商品の価値の貨幣表現を意味する。
　この賃金＝労働力商品の価格だという場合，では労働力商品の価格（価値）の内容は，どのような部分から構成されるのであろうか。それは，基本的には三つの部分からなる。
　一つは，労働者本人の生活に必要な部分であり，明日もまた労働者として働くのに必要不可欠な費用部分である。第二に，労働者が次の世代を再生産するという意味を含む労働者家族の生活必要部分である。第三に，労働者の労働する諸能力の形成に要する費用部分である。その三つの部分からなるものが，賃金＝労働力の価格（価値）の構成部分である。
　ところで，労働者の労働能力を商品として買った使用者（資本家）は，その労働能力の現実的発揮，すなわち生産過程における労働の遂行をつうじ，

商品として買い入れた労働能力の価値以上の価値＝剰余価値を手に入れ，生産を継続し，拡大する。資本主義的生産とは，一方で，労働者が自らの労働能力を商品として時間決めで売り，他方，資本家は，買い入れた労働能力の消費＝労働をつうじ，労働力の価値以上の価値＝剰余価値すなわち利潤を手に入れることを原理とする生産をいう。資本主義社会は，そうした資本家と労働者を二大基本階級とし，利潤追求を第一義とする商品経済に基礎を置く社会である。資本主義国家は，そうした資本主義経済，社会の維持，再生産を目的とする階級支配のための統轄組織・機構である[1]。

（2） 賃金水準と賃金形態・体系

労働力商品は，個別の商品が値段決めで売買されるように，同様に値段決めで売買される。個別商品の売買においては，一定の値段＝高さ，水準がつねに問題となる。労働力商品の価格としての高さ，水準，すなわち賃金水準が同様に問題となる。

そうした賃金水準は，個別賃金としては労働者と使用者（資本家）との個別交渉によって決まるが，それは同時に産業別および一国のナショナルなレベルにおける労働組合など組織された労働者集団と使用者集団との集団的な交渉や賃金・所得に関連する諸政策などによって決まる水準に左右される。

それ故，一国における賃金水準は，何か固定しているものではなく，個別的集団的な賃金交渉や賃金諸政策，物価変動などの経済的社会的諸事情，その国の労働者の歴史的文化的諸条件によって絶えず可変的である。

他方，賃金は，その高さ＝水準とともに，労働者に支払われる際の具体的な形態という意味で，つねに支払いの形態・体系を伴っている。賃金の支払い形態のうち，最も基本的な形態は，時間賃金と出来高払い賃金である。後者は，標準作業量に基づく時間賃率を前提にし，出来高＝個数賃率を算定したという意味で時間賃金の応用形態である。

この賃金形態は，さらに資本主義の発展につれて，その応用としての諸形

---

[1] 以下，国家の本質と機能についての序章での記述は，マルクス，エンゲルスの国家論に基礎を置いている。文献的には，マルクス『資本論』（とくに第3巻第5篇第23章），エンゲルス『反デューリング論』，『家族，私有財産，国家の起源』などである。

態を産み出した。たとえば、ティラー・システムは、差別出来高払い賃金制度とよばれるように、標準作業量達成以前と以後との賃金率に大きな差を設定する賃金制度であった。またフォード・システムは、一定の時間賃金のもとでも、ベルトコンベアの運転速度を速めて労働の強度を強めるといった労働組織と賃金制度の組み合わせからなっていた。

1930年代、アメリカで、標準作業量を設定しにくい商業・サービス部門の労働者や公務員などに適用され、広まっていった職階制賃金制度（職務職階給）は、職務分析、職務評価に基づく職務の等級における格付けを行い、職務ごとの時間賃率に格差を設定し、そうした職務給を職務の等級＝職階ごとに組み立てる賃金制度として成立した[2]。

それは、経験・勤続を積むことによる職務のグレードアップに対応しており、しかも職務のグレードアップとライフサイクル＝生計費との関係を反映する賃金制度でもあった。

ところで、とくに日本の場合、実は賃金の形態論ではすまない厄介な問題が含まれている。すなわち、実際に支払われる賃金の場合、時間賃金、出来高賃金といった形態だけでなく、たとえば家族手当、住宅手当などといった、賃金の基本形態のどちらにも分類しがたい支払項目がある。それ故、賃金形態とともに、別に賃金体系なる用語が用いられる場合が多い。ここでは便宜上、賃金体系＝賃金支払い項目の総体といった程度の意味で、この用語を理解しておくことにしよう。

このような賃金形態・体系も、その決定にあたっては、賃金水準と同様、個別的集団的交渉や賃金諸政策、経済的社会的諸事情、その他の諸関係によって決まるといってよい。ただ、その決定の主導権は、賃金水準の決定以上に、使用者側（資本家側）が握っている。というのは、賃金水準と比べて一層、個別的（産業や企業、職種、個人等）要素が強く、労使関係上、労働者側が不利な場合が多いからである。

---

[2] この点、日本でも翻訳された基本的なテキストとして、宮孝一訳監修（1951）、原書は Laura Camp Mosher, John Kingsley, Oscar Glenn Stahl, *Public Personnel Adimimistration, 3rd Edition, 1950* がある。

2　公務労働と公務員労働者

（1）　公務労働の基本的性格

　公務員もまた，みずからの労働能力を商品として売り，雇われて働くという意味では賃金労働者である。したがって，すでに賃金の本質，賃金水準，形態・体系として述べたことは，一般的にほぼ当てはまるといってよい。ただし，雇い主は国家（政府）であり，利潤追求を第一義とする企業ではない。公務労働は，企業（現業）部門を除き，直接に物を生産せず，剰余価値（利潤）を産み出さない。その点だけでいえば，民間の商業・流通の関係の労働と類似している。それらの労働は，剰余価値＝利潤の移転に貢献する労働である。

　公務労働も剰余価値＝利潤の移転に貢献するが，その規模はさしあたり一国規模と大きく，その点で，民間の商業・流通関係の労働とは異なる。それだけでなく，広く国民所得の再配分，ひいては国民経済の維持，拡大といった社会的経済的管理機能をはじめとした多くの国家諸機能を遂行する労働である。

　別に言いかえれば，公務労働は，資本主義経済，社会を維持することを第一義とする資本主義国家の目的に奉仕する労働である。その目的遂行のためには，その社会の公共的利便促進という目的をも国家機能として担わざるを得ない。いわゆる"社会の共同事務"（マルクス）の機能である。ただし，その機能は，利潤の追求，維持を第一義とする目的，機能との関係では，従属的機能としての位置づけを与えられている。

　公務労働は，そうした第一義的機能と従属的機能という二重性を有する国家機能の遂行労働である。

（2）　公務労働の公共性と専門性

　国家機能の遂行労働としての公務労働は，その本質上，つねに国（具体的には政府）および国民全体に奉仕するという公共的性格＝ナショナルな性格

を有している。この点で，公務以外の労働と区別される。

同時に，その遂行にあたって，知識・能力・理解力・事務処理能力等といった高度の専門性が要請される。その専門性が，公務以外の労働と異なるのは公共性と不可分だという点にある。

（3） 公務員労働者の歴史的登場―イギリスの場合

公共性と専門性を有する公務労働の人的担い手が，公務員として歴史上，登場するのは近代国家の誕生以降のことであったが，さらに公務員労働者として登場するのは，最も早いイギリスを例にとっても，19世紀半ば以降のことであった。

公務員労働者は，資本主義的生産が最も早く展開したイギリスを例にとっても，産業資本主義から独占資本主義段階への転換の始まりの時期，おおよそ1870年代から萌芽的に登場し，19世紀末から20世紀初頭といった独占資本主義への転換期に本格的に登場した[3]。

すなわち，少数の特権的官吏で事が足りた歴史的時期を過ぎ，議会を通じて産業ブルジョワジーが国家掌握の主導権を握り，19世紀半ばには情実任用制度（patronage）の廃止，公開競争試験制度の採用をはじめとする近代的公務員制度が確立していった。

その後，19世紀末から20世紀初頭にかけての独占資本主義の段階に入り，国家機能が著しく拡大するにつれ，その機能遂行のために，膨大な数の人たちを国家機関に調達＝雇用しなければならなくなった結果，公務員の労務管理システムとしての人事行政制度の展開を軸として，現代公務員制度へと転換していった。

それと同時に，雇用された公務員のうち，大量の層を形成する下層公務員を中心に，公務員の「労働者化」現象が顕著になっていった。その「労働者化」を最も象徴的に意味する現象が，公務員労働者自らによる労働組合の結成である。

---

[3] 以下，イギリスについての叙述は，イギリスにおける公務員の労働者としての歴史的登場と展開を追跡した先駆的研究であるB.V.Humphreys（1957）および日本語文献では，鵜飼信成・長浜政寿・辻清明編（1957）に依拠している。

イギリスでは，萌芽的には19世紀半ば以降，本格的には19世紀末から20世紀初頭にかけて，公務員関係の労働組合が結成されはじめ，第一次大戦後には，雇い主である国家機関（政府）との団体交渉関係が形成，成立するに至った。

（4） 公務員労働者の歴史的登場—日本の場合

日本では，明治維新以降，近代国家形成の重要な一環として，"天皇の官吏"としての官吏制度が形成された。その過程で，国鉄，逓信などを中心に，高等官，判任官といった正式の官吏の下で働く，"官吏にあらざる官吏"としての雇員・傭人など下層の現業職員が「層」として形成されていった。

やがて，明治30年代，産業革命の急速な進展の過程で，日鉄機関方の争議など国鉄労働者の闘いが発生している。とりわけ第一次大戦後，国鉄，逓信などの現業部門や東京，大阪，名古屋などの都市従業員を中心に，「労働者化」現象としての争議と労働組合結成が見られるが，相次ぐ弾圧と対抗する官製組織の結成によって，組織の自主的な発展を遂げることはできなかった[4]。

第二次大戦後，戦後諸改革，とりわけ日本の「民主化」の一環としての労働改革による労働組合の容認後，ようやく労働組合の組織化とその運動が本格化した。公務員労働組合の相次ぐ結成とともに活動が開始され，またたく間に運動が展開した。

同時に，日本の「民主化」の一環として，戦前，"天皇の官吏"であった官吏制度を国民全体への奉仕者としての民主的な公務員制度へと改革することが重要であり，民主的公務員制度確立という課題の担い手としての役割が公務員労働組合に期待された[5]。

もっとも，日本の一層の「民主化」という課題は，1948年から50年にかけて，たとえばマッカーサー書簡・政令201号による公務関係の労働基本権

---

[4] 戦前の官公労働運動について，包括的に調査・研究した文献は見当たらない。国鉄，逓信，東京，大阪，名古屋などについての個別の歴史記述としては，さしあたり次のような諸文献が挙げられる。全逓編（1975），国鉄労働組合編（1996），自治労編（1974）東京都区職員労働組合編（1983）。

の全面的制限をはじめとした占領政策の「反動化」により，戦後日本の民主的改革が一定の枠内に抑え込まれたことによって，歴史上の課題として残されることになった。

こうして，公務員制度の一層の「民主化」，労使対等原則の前提である労働基本権の全面回復，労使対等の賃金決定原則の実現などは，そうした歴史的課題の重要な一部分として今日に引き継がれている。

3 公務員賃金とは何か

(1) ナショナルな性格をもつ公務員賃金

公務員も，みずからの労働能力を時間決めで売り，雇われて働くという意味で労働者であり，したがって，賃金の本質で述べたことは一般的に当てはまる。賃金水準についても，公務員賃金の水準は何か民間の賃金労働者の水準とかけ離れた水準に設定されるべきではないし，現に公務員賃金の水準はそのように設定されていないことは明らかである[6]。賃金形態・体系も，民間労働者と比べ，とくに何か異なったものではない。

だが，とくに公務員賃金決定のあり方に関連して，公務員賃金の特殊性を

---

5) 当時，気鋭の行政学者であった辻清明氏は次のように述べていた。「私はこの画期的な官僚制の民主化が自覚せる広汎な民衆ならびにその政治的表現である国会をその担当者とすることに躊躇するものではないが，とりわけその有力な推進的役割を演ずるものとして現に結成せられている官庁労働組合を挙げたいとおもう。」（辻清明「日本官僚制と対民衆官紀」，元は雑誌『世界』1947年12月号，のち所収，辻清明（1952）。）。
6) この点，1871年のパリ・コミューンという歴史的事件を総括したマルクスが，『フランスの内乱』で述べていることは，今日でもきわめて歴史的示唆に富んでいる。
　「コミューンの議員をはじめとして，公務は，労働者なみの賃金で果たされなければならなかった。国家の高官たちの既得権や交際費は，高官たちそのものとともに姿を消した。公職は，中央政府の手先たちの私有財産ではなくなった。」（『マルクス・エンゲルス全集・第17巻』大月書店，p.315）。
　国家の高官たちの既得権とは，猟官運動等による特権的地位とそれにともなう高給を指していた。コミューンは，高官たちの特権をはく奪し，公務はコミューンのためにという革命的民主的見地に立った。それ故，労働者なみの賃金による公務の執行という見地に至ることが記述されている。

理解しておくこともまた重要であろう

① 民間賃金の場合，民間労働者の直接の雇用主は企業などの個々の使用者である。したがって，民間賃金の場合，たとえば春闘など一国規模での賃金決定が問題にはなり得るが，しかし具体的な賃金決定は，産業別ないし職種別・職能別，とくに日本においては企業別などといった具体的個別的な労使関係のなかで決まる。

② 他方，公務員の賃金は，公務労働の公共性に由来し，つねにナショナルな性格を帯びている。

③ それ故，公務員賃金の決定は，つねに何らかの政治性ないし政策性を帯びる必然性を有している。

④ 結論的にいえば，公務員賃金のあり方は，つねにナショナルなレベルの問題をはらみ，したがって，公務員以外の労働者，勤労国民諸階層の賃金や所得のあり方に与える影響もまた大きい。

そして実際，公務員賃金決定は，日本において，これまでつねに何らかの政治性，政策性を有し，そのあり方が問題とされてきた。この点，本書，とくに第2章，第5章を中心にのちに述べるが，ここでも若干の事例を挙げておこう。

たとえば，人事院勧告制度が導入される以前の戦後初期，とくに1947（昭和22）年から48年にかけて，公務部門への職階賃金制度の導入が大きな問題となった。結局，導入された職務職階制賃金は，やがて1950年代後半，いわゆるアメリカ型労務管理の一環として，民間部門へ職務給が導入されていく際の先がけとしての意味を持っていた。

また1949年，発足後2回目の人事院勧告は，ドッジ・ライン下の超財政緊縮政策のもとでまったく実施されなかった。この年，公共企業体として発足した国鉄・専売公社の仲裁裁定も完全には実施されず，ともに厳しい賃金抑制政策貫徹の一環を担う役割を果たした。

近年では，2011年5月13日，当時の民主党政権下の政府は，いわゆる自律的労使関係の創設（公務員への団体協約権付与）と引きかえに，東日本大震災の復興財源を含めた厳しい財政事情を理由に国家公務員賃金の引き下げを提案した。同年5月23日に政府と国公連合の交渉では合意されたが，国公

労連はこの提案に反対を表明し，交渉は決裂した。

　結局，自律的労使関係の創設（団体協約権の付与）は実現せず，給与改定・臨時特例法に基づき，2012年4月以降，2年間にわたり，平均7.8％の賃下げだけが実施された[7]。この結果，地方公務員賃金も大方の自治体で引き下げられた。

　以上は例示にすぎないが，いずれにせよ，国の賃金政策の一環としての公務員賃金のあり方は，それによる公的部門全体や民間賃金の動向への波及をつうじ，その時々において，きわめて大きな意味を持っていた。

　それ故，公務員賃金決定のあり方＝その決定制度や決定基準はもちろん，決定された賃金水準とその社会的経済的波及・影響の問題などが，一国規模でつねに問題となり得るし，現に問題化してきた。

　なお，そうした諸点については，本書の第2章「人事院勧告下の公務員賃金決定」，第5章「公務員賃金決定の社会・経済的影響」などの章で，詳しく考察することにしたい。

　さて，序章における以上に述べた見地に基づき，以下，公務員賃金―その歴史，現状と問題点について，第1章から終章をつうじ，解明していくことにしよう。

---

7) なお国公労連は，2012年5月25日，いわゆる賃下げ違憲訴訟を提起し，2015年12月現在，東京高裁で係争中である。この訴訟の経過や争点などについては，国公労連HPを参照されたい（http://kokkororen.com/）。

第1章
公務員賃金決定と人事院勧告制度

1　公務員の労働基本権

　今日の日本における公務員賃金[1]のあり方を検討する場合，公務部門における労働基本権の所在を抜きにすることはできない。そこで，まず，日本における公務部門の労働基本権の態様から話を始めよう。

（1）　公務員の労働基本権の現状

　表1-1は，公務部門の労働基本権，すなわち団結権，団体交渉権，争議権の有無についての現状である。○は保障されている場合，×は否認されていることを意味する。
　まず，一般職の国家公務員および地方公務員の場合，「その勤務条件の維持改善を図ることを目的として」，団結権は保障されている（国公法108条の2，地公法52条）。とはいえ，労働組合法適用の労働組合としてではなく，国家公務員法（以下，国公法と呼ぶ），地方公務員法（以下，地公法と呼ぶ）に規定する職員団体の結成という限りでの保障である。
　だが，労働協約締結権を含むという意味での団体交渉権は認められていない[2]。したがって，政府・地方自治体と職員団体との賃金交渉自体は行われているが，労働協約の締結というかたちで双方を拘束するものではない[3]。

---

[1]　以下，用語として「賃金」と「給与」を厳密に使い分けるのは困難ではあるが，第1章では，国家公務員法など法律に関わる場合や政府側の記述に沿う場合など文章表現上，用語として「給与」が自然な場合は原則として「給与」という語を用い，それ以外は「賃金」を用いることにする。

表 1-1 公務部門における労働基本権の現状

	団結権	団交権	争議権
警察・消防・監獄・防衛・海保職員	×	×	×
一般職(給与法適用)国家公務員*1－国公法	○	×	×
行政執行法人職員(一般職に属する国家公務員) －行政執行法人の労働関係に関する法律*2	○	○	×
地方公務員－地公法	○	×	×
地方公営企業の公務員*3－地公労法	○	○	×

○は法認,×は否認を意味する。

注:＊1 給与法適用ではないが,一般職の国家公務員である検察官も国公法の適用を受ける。
　　＊2 2013年4月,林野庁職員が給与法適用の一般職に移されたため,国営企業(いわゆる現業)の国家公務員は姿を消し,行政執行法人職員(一般職に属する国家公務員)のみとなった。適用される法律も,2015年4月,「行政執行法人の労働関係に関する法律」という名称に改められている。
　　＊3 いわゆる単純労務職員を含む。

なお,争議権は全く否認されている。人事院ないし人事委員会の勧告制度が,労働基本権制限の代償措置だといわれるのは以上のことに由来する。

行政執行法人に勤務する職員(一般職に属する国家公務員)[4]および地方公営企業の地方公務員[5]の場合,労働組合結成という意味での団結権が認められ,団体交渉権も協約締結権を持つものとして認められている。ただし管理運営事項を除くとされているため,団体交渉権は実質的には制限されている。争議権は全く否認されている。

労働組合法において,団結権,団体交渉権,争議権とも全く認められていないのが,警察・消防・監獄職員,防衛省職員,海上保安庁職員である。

そうした公務部門における労働基本権の態様に関しては,戦後,幾多の問題をはらみ,これまで変遷を経てきたが,ここでは立ち入らないことにする。

以下,公務員賃金決定において枢要な役割を担う人事院勧告制度そのもの

---

2) ただし,地方公務員の場合,団体協約締結権そのものではないが,法令,条例,規則,規程に抵触しない限度で当局と書面による協定を締結することができる(地公法55条2項)。
3) 実は,団体交渉といっても,実際は"協議","意見交換"として扱われ,団体交渉としての内実を充たしていないのが現状である。

について，やや立ち入った考察を行うことにしよう。

（2） 人事院勧告制度＝労働基本権制限の代償措置

　人事院勧告制度とは，国公法第1条にいう目的＝「職員の福祉及び利益を保護するため」，国家公務員の給与，勤務条件，その他の勤務条件の改善などにつき，人事院が勧告する制度をいう。この勧告制度は，1948（昭和23）年12月，国家公務員法の改定によって導入され，今日に至っている。

　1948年7月のマッカーサー書簡・政令201号によって，協約締結権および争議権は否認され，公務員の労働基本権は大幅に制限された。言いかえれば，国民全体に奉仕すべき公務員みずからによる福祉，利益の保護，改善が不可能になった。そうしたもとで，「職員がその職務の遂行に当り，最大の能率を発揮し，……以て国民に対し，公務の民主的且つ能率的な運営を保障」（国公法第1条）しようとしても，肝心の福祉，利益の保護が他方で保障されなければ，士気，能率は著しく低下するが故に，そもそも目的が果たせるはずがない。そのため，労働基本権の大幅制限の唯一の代償制度として，人事院勧告制度が導入された。

　それ故，人事院勧告制度は本来，公務員の福祉，利益の保護機能を体現す

4） 独立行政法人通則法第2条第4項に規定されている行政執行法人（旧特定独立行政法人）は，個別法によって設立されている造幣局，国立印刷局，統計センター等の7つの法人で，勤務する職員は一般職に属する国家公務員とされ，その労働関係は行政執行法人の労働関係に関する法律（昭和23，法257）の適用を受ける。

　1948年12月，国鉄，専売の公共企業体化にともない，公労法（公共企業体労働関係法）が制定された。1952年，公労法（公共企業体等労働関係法）として，3公社5現業（国鉄，電電，専売の3公社と郵政，林野，印刷，造幣，アルコール専売の5現業）の労働組合に適用が拡大された。その後，専売，電電，国鉄の民営化にともない，1986年には国労法（国営企業労働関係法）に改められたあと，1999年に，国労法（国営企業及び特定独立行政法人の労働関係に関する法律）に改称された。2002年，印刷，造幣事業等が独立行政法人化され，郵政事業が公社化されるのにともない，特労法（特定独立行政法人等の労働関係に関する法律）に改められた。2013年4月，現業部門として唯一残っていた国有林野事業が一般会計化されたのにともない，いわゆる「現業」は姿を消した。2015年4月，特労法は，特定独立行政法人が行政執行法人となったのにともない，行政執行法人の労働関係に関する法律に改題された。

5） なお，地方公務員であっても，清掃員，用務員，学校給食員等，いわゆる単純労務職員については，地公労法が準用されている。

るものとして存在している。これが人事院勧告制度の本来的理念である。そうした人事院勧告の中で，最も枢要な位置を占めるのが給与勧告であることは論をまたないであろう。

以下，その勧告の場合の公務員賃金決定の原則，賃金決定の具体的基準について検討することにしよう[6]。

2 公務員賃金の決定原則

公務員賃金決定の原則として挙げられるのは，給与法定主義の原則と情勢適応の原則，職務給原則および官民均衡原則である（国公法63, 28, 62, 64条）。このうち，官民均衡原則は，情勢適応の原則と密接な関係にあり，むしろ前者をより具体化したものが後者なので，便宜上，情勢適応原則の具体的基準として，別に考察することにしよう。

（1）給与法定主義の原則

給与法定主義の原則は，国家公務員法第63条に規定されている。「職員の給与は，別に定める法律に基づいてなされ，これに基づかずには，いかなる金銭又は有価物も支給せられることはできない[7]。」。地方公務員賃金の場合，条例決定主義の原則が，それに該当する（地公法第24条，第25条）。

この給与法定主義の原則の基本的理念は，一言でいえば，国民の納得性ともいえる理念である。すなわち，国民は，国民全体の奉仕者としての公務員について，その仕事のあり方および給与について，使用者として，あるいは納税者として，重大な利害関係と関心を持たざるをえない。それ故，公務員の給与について，国民の代表者である議会が法律で定めるという議会制民主主義あるいは財政民主主義の観点に由来する理念である[8]。

---

6) 以下の叙述にあたっては，鹿児島重治・森園幸男・北村勇編（1988），森園幸男・吉田耕三・尾西雅博編（2015）などを参照している。
7) 別に定める法律とは，一般職の職員の給与に関する法律（昭和25, 法95）をいう。
8) 日本国憲法で，全体への奉仕者としての公務員（第15条），議会制民主主義（第41条），財政民主主義（第83条）という関係になる。

戦前，官吏は"天皇の官吏"であり，その給与は天皇から給付されるものと観念されており，官吏俸給令など「勅令」（天皇が発した命令）で決まっていた。それ故，官吏の給与について立法府が関与することはなかった。戦後，公務員制度への転換，すなわち国民全体への奉仕者としての公務員であることおよび国民の代表者としての国会＝議会制民主主義とが相まって，ここに給与法定主義の原則が歴史的意義を持つことになった。

　この給与法定主義の原則は，その基本的理念に照らした場合，何も問題がないように見える。だが，労働基本権，とくに協約締結権など団体交渉権との関係では重要な問題をはらんでいる。すなわち，労働基本権が制約されている場合，給与法定主義は労働基本権制約の代償措置としての意味，すなわち公務員の経済的権利の中心をなす給与について，これを法律で保障するという意味を持つ。ただし，戦後日本における給与法定主義と労働基本権の関係において，その点がだれの眼にも異論なく明確か否かは別物である。

　公務員賃金決定における団体交渉権と給与法定主義の関係は，①労働基本権が保障されて団体交渉による賃金決定が行われたとしても，"国民の納得性"の観点＝議会制民主主義，財政民主主義の観点からする給与法定主義を残す場合，②団体交渉 → 労働協約のみで給与法定主義の原則を採用しない場合とが考えられる[9]。

　前者の場合，残る問題は，給与のどのレベルまでが法定され，どのレベル以下が当事者の自主的判断に委ねられるかが問題となる。また，労働協約と議会の判断＝給与法定とが異なった場合，それをどう処理するかといった処理手続きが別に問題となる。

　戦後日本における公務員の労働基本権と給与法定主義の原則の関係では，1948年のマッカーサー書簡・政令201号，国公法の改定以降，労働基本権制限とりわけ協約締結権否認 → 人事院勧告 → 給与法定という形で，"あれかこれか"の2者択一の関係のもとで成立し，その枠組みの関係のまま今日に至っている。それ故，公務員賃金決定は，賃金水準はもちろんのこと，賃

---

[9] 実際，行政執行法人の労働関係に関する法律および地公労法では，給与法定主義の原則を採用していない。その例のように，給与法定主義がすべての公務員の場合に及ぶかどうかが別に大きな論点となる。

金の配分＝賃金形態・体系の実に細部にわたるまで，人事院勧告→給与法定の枠内で処理されているということができる。

（2） 情勢適応の原則

情勢適応の原則は，官民均衡原則（民間賃金準拠の原則）とともに毎年の人事院勧告の内容を左右する最も基本となる原則として知られている。国公法では，第28条の規定である（地公法第14条，第26条）。

（情勢適応の原則）
　第28条　この法律に基いて定められる給与，勤務時間その他勤務条件に関する基礎事項は，国会により社会一般の情勢に適応するように，随時これを変更することができる。その変更に関しては，人事院においてこれを勧告することを怠ってはならない。
　②　人事院は，毎年，少なくとも一回，俸給表が適当であるかどうかについて国会及び内閣に同時に報告しなければならない。給与を決定する諸条件の変化により，俸給表に定める給与を百分の五以上増減する必要が生じたと認められるときは，人事院はその報告にあわせて，国会及び内閣に適当な勧告をしなければならない。

この国公法第28条のうち，第1項にいう「その変更に関しては，人事院においてこれを怠ってはならない」という規定は，1948年7月のマッカーサー書簡・政令201号に基づき，同年12月の国公法改定で新たに追加された。第2項は同改定の際に新設された[10]。その改定の由来からしても，人事院勧告制度が労働基本権制限の唯一の代償制度であることは，論をまたず明白であろう。

その人事院勧告が行われる場合とは，「給与を決定する諸条件の変化により，俸給表に定める給与を百分の五以上増減する必要が生じたと認められる

---

10)　なお，地公法では条文の組み立てが異なり，第14条で情勢適応の原則が規定され，第26条で給料表に関する報告および勧告が規定されている。

とき」である[11]。

　この「百分の五以上増減する」という5％規定についてであるが，1948年当時，国公法改定提案にあたり，衆議院人事委員会で，提案理由の説明にあたった岡部史郎政府委員は，「これは一種のスライド・システムの思想を採用したものと考えられるのでありますが，機械的にスライド制そのものをとっているとは考えておりません」と述べている[12]。

　このように，スライド・システムという考え方は明らかであるが，ではなぜ，百分の五（5％）であるかは明らかではない。とはいえ，これまでの人事院勧告史を見ると，5％規定はきわめて有力な意味を持っていた。

　ただし，その数値は絶対ではないことが分かる。1954年のごとく，5％を優に超えていることが明らかであっても，「人事院の判断[13]」によって勧告が出されなかったこともある。また，1978年以降の人事院勧告でほぼ慣行的に見られるように，5％以下であっても給与引き上げ勧告が出される場合が通例となっている。あるいは，2000年代に入ると，「増減する」という規定に基づいて，5％以下であっても給与引き下げ勧告を行うケースは枚挙にいとまがない。そのいずれの時々においても，例外なく「人事院の判断」があるということになる。

（3）　職務給原則

　賃金形態・体系に関わる原則として，重要な意味を持つのが職務給の原則である。国公法では第62条である（地公法第24条）。

（給与の根本基準）
　第62条　職員の給与は，その官職の職務と責任に応じてこれをなす。

　旧職階法によれば，「職務」とは，「職員に遂行すべきものとして割り当て

---

[11] なお，地公法には百分の五（5％）規定はない。
[12] 人事院（1969）による。なお，早川征一郎・松井朗（1979），とくに第2章 p.82以下を参照されたい。
[13] 浅井清（1970），p.119.

られる仕事」であり，「責任」とは，「職員が職務を遂行し，又は職務の遂行を監督する義務」をいう[14]。

ここにいう職務給は職階制との組み合わせが前提とされていた。職務給はさらに，職務分析と職務評価，職務分類を経て，職務を職階制に組み立てることにより，本来の意味での職務職階制賃金（給与）として成立する。

だが，戦後日本の公務員制度の確立にあたり，本来の意味での職務職階制は，職務分析，職務評価がうまく達成されなかったが故に，結局，職務職階制を建前とした緩やかな制度が形づくられた。

1948年に成立した15級制は，当初，職階制の早期実施を予定して実施された。ただ，当面，各々の級の枠内では通し号俸制（年功給）を基本としていた。結局，職階制は実施されないまま，1957年の俸給制度改定によって，従来の通し号俸制は廃止され，15級制は職務に対応した8等級制に改められた。さらに，行政職俸給表は，行政職（一）と（二）に分けられた。こうして，1957年の俸給制度改定によって，全体として，職種・職務対応的賃金の性格を強めた。その意味での職務給原則の基調が，今日までひき続いている。

ただし，昇給制度と結びついた各級ごとの号俸のように，能力や経験・勤続を基準とする能力給的要素と勤続給的な要素（同時に生活給的要素）を併せ持っていることを排除するものではない。諸手当でも扶養手当，住宅手当，寒冷地手当など生活給的な要素のものも存在する。それ故，現実の給与体系は，職務給的要素を基本にしつつ，能力給的および生活給的な要素の組み合わせといった給与体系となっている。

ただし，2006（平成18）年以降の給与構造改革や2014年以降の給与制度の総合的見直しのように，人事評価制度の一層の強化と相まって能力主義的要素を強め，地域手当の新設と拡充をつうじて，職務給原則の意義を薄める要素が強まっている。この点，今後の動向しだいでは，職務給原則の一層の形骸化につながりかねないものとして十分な警戒が必要であろう。

---

[14] 国家公務員の職階制に関する法律（昭和22，法120），第3条。なお同法は，2007年に廃止された。

3 情勢適応原則の具体的基準
――生計費，民間賃金準拠，その他の事情

　情勢適応の原則の具体的基準が，生計費，民間賃金準拠，その他の事情である。国公法では第64条第2項である（地公法第24条3項）。

　（俸給表）
　第64条　前条に規定する法律（以下「給与に関する法律」という）には，俸給表が規定されなければならない。
　②　俸給表は，生計費，民間における賃金その他人事院の決定する適当な事情を考慮して定められ，かつ，等級ごとに明確な俸給額の幅を定めていなければならない。

　情勢適応の原則は，この規定によって生計費，民間賃金の動向および人事院の決定する適当な事情という3つの要素により，具体化される。
　このうち最大の要素は民間賃金の動向であり，毎年4月1日現在，人事院による民間賃金と国家公務員賃金との比較調査に基づき，官民格差が算出され，それが勧告の基本データとされている。いわゆる民間準拠と呼ばれるものである。官民均衡原則は，民間準拠の原則とも呼ばれる所以でもある。
　なお，官民賃金の比較要素として民間における事業所および企業規模の問題がある。この点，第2章でふれるが，ここで先取りしていえば，1963年までは事業所規模および企業規模とも50人以上とされてきた。だが，高度成長期，民間賃金が年々上昇し，しかも春闘の高揚による賃金相場形成が強まるにつれ，1964年に試行され，1965年から企業規模100人以上に引き上げられた。もっとも，その後，2000年代に入り，デフレ経済基調下で，民間賃金が低迷するもとで，2006年，企業規模は再び50人以下に下方修正され，現在に至っている。
　そうした官民賃金比較という要素とともに，生計費，人事院の決定する適当な事情という要素が加味される。

生計費は，人事院勧告制度が発足して間もなくのころ，民間賃金との比較のあり方がまだ定まらなかった時期に，重要な決定要素としての意味を持ったが，その後は初任給や号俸間の配分などの際の参考要素とされているといわれている。

人事院の決定する適当な事情とは，具体的には明らかではない。おそらくは，その時々の社会経済情勢，人事行政上の諸般の要請などを人事院が考慮に入れるということを意味すると考えられる。人事院の"政治的判断"を意味する要素である。

4　賃金決定諸原則と給与法の関係

以上に述べた賃金決定諸原則に基づき，給与は，一般職の職員の給与に関する法律（昭和25, 法95, 以下，給与法と呼ぶ）において，より具体的に規定される。

給与は俸給と諸手当からなる。俸給は，給与の根本基準（職務給原則）に基づき，「職務の複雑，困難及び責任の度に基づき，かつ，勤労の強度，勤務時間，勤労環境その他の勤務条件を考慮したものでなければならない」（給与法第4条）とされている。

その職務を分類，整理したものが俸給表である。俸給表は，「その職務の複雑，困難及び責任の度」に応じて分類された級からなり，その分類の基準になるのが人事院規則で定める標準職務表である（給与法第6条第3項）。

その場合，きわめて重要なのが，各々の級別標準職務表とともに，予算上の措置と関わる級別定数である。各省庁では，それぞれの組織・定員に関する法令に基づき，予算の範囲内で定員・要員配置が決められる。他方，級別定数は，法令の趣旨に従いつつ，級別標準職務分類の基準に適合するように，予算の範囲内において，各俸給表の職務の級別定数を設定ないし改定するものである。

この級別定数の決定権限は，そもそも給与決定基準の一つであり，労働基本権制約の代償機能を確保する必要から，これまで長年，人事院にあった。すなわち，給与法第8条第1項において，「人事院は，……職務の級の定数

を設定し，又は改定することができる」と規定されていた。

だが，2014年の国公法および給与法の改定によって，第8条第1項は，「内閣総理大臣は，……職務の級の定数（……）を設定し，又は改定することができる。この場合において，内閣総理大臣は，職員の適正な勤務条件の確保の観点からする人事院の意見については，十分に尊重するものとする。」と改められた。

改定の条項のかぎりでは，級別定数の決定権限は，人事院から内閣総理大臣に移行したといえる。ただし，当面，実態上では人事院の作成した級別定数の設定ないし改定案が人事院の「意見」として内閣総理大臣に提出され，それに基づいて級別定数の設定ないし改定が行われることになっている[15]。

そのように，当面の実態上では，人事院の「意見」というかたちではあるが，事実上の決定権限は人事院にあるということができよう。しかし，法の条項のうえで，「人事院」という主語が，「内閣総理大臣」という主語に代わったことの意味は大きい。実態上の措置がいつ，条項上の主語に置き換わらないとも限らない潜在的可能性が含まれている。その意味で，今後の大きな留意点の一つでもある。

なお，俸給表は現在，行政職俸給表（一）（二）をはじめとして，11種類17表からなっている（給与法第6条第1項）。諸手当については，給与法第5条で限定列挙されたあと，のちの該当条項でそれぞれ規定されている。

毎年の人事院勧告は，給与法の改定というかたちをとり，給与法で規定されている俸給表の改定および諸手当の改定という内容からなっている。別に言いかえれば，人事院勧告は，賃金水準だけでなく，その配分＝賃金形態・体系のすべてに及んでいる。

この毎年の人事院勧告に至る手順を図式化したものが，図1-1である。毎年，①情勢適応の原則に従って官民賃金の比較（民間準拠）が行われ，②給与の水準，期末・勤勉手当など諸手当・給与体系などが見直され，③人事院の総合的判断を経て，人事院勧告が内閣および国会に提出される。

その人事院勧告のあと，④内閣によって勧告の取り扱いが決定され，給与

---

[15] なお，人事院『公務員白書』（平成26年版），p.9以下参照。

図 1-1 人事院給与勧告の手順

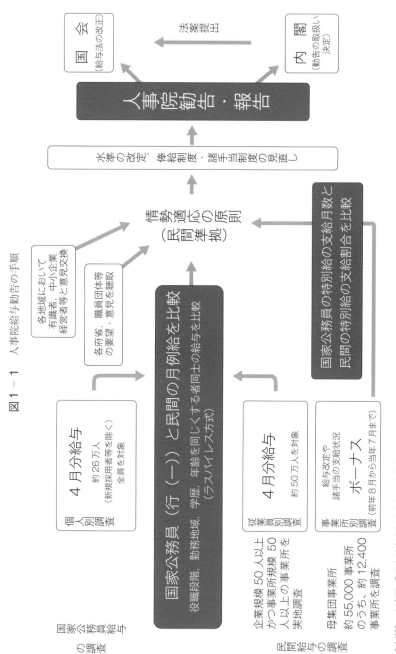

[出所] 人事院『公務員白書』(平成27年版)。

法改定案が国会に提出される。⑤国会での審議を経て，給与法改定案が国会を通過することによって，⑥給与改定が実施される。以上が，勧告の作成とその後の大まかなサイクルである。

　では，以下の第2章で，1948年の勧告以来，すでに68年に及んでいる人事院勧告の歴史を振りかえり，現状とその問題状況を確認しよう。

第2章
人事院勧告制度下の公務員賃金[1] 決定

　第2章は，1948（昭和23）年から現在に至る，戦後68年にわたる人事院勧告の変遷を追跡することを課題とする。その前提として，国家公務員のうち，人事院勧告の適用範囲について，あらかじめ述べることにしよう。

1　公務員の種類と人事院勧告の適用範囲

　公務員は，国家公務員と地方公務員からなる。地方公務員とその賃金については，第4章で考察するので，以下，国家公務員について，人事院勧告との関係において，その内訳を見てみよう。
　まず，公務員の種類および一般職と特別職の公務員について，その内訳と人数を図に示したのが，図2-1である。また，一般職と特別職の国家公務員の給与に関して，適用法規別に示したのが表2-1である。
　国家公務員法（以下，国公法と呼ぶ）によれば，国家公務員の職は，一般職と特別職に分けられる（国公法第2条）。特別職は，国公法第2条③に列挙されているが，それ以外の官職が一般職であり，国公法の規定はその一般職国家公務員に適用されている。
　この国公法第2条に基づき，一般職国家公務員の給与に関する事項を定めているのが，一般職の職員の給与に関する法律（昭和25，法95，以下，給与法と呼ぶ）である。

---

[1]　以下，用語として「賃金」と「給与」を厳密に使い分けるのは困難ではあるが，第2章では，国家公務員法など法律に関わる場合や政府側の記述に沿う場合など文章表現上，用語として「給与」が自然な場合は原則として「給与」という語を用い，それ以外は「賃金」を用いることにする。

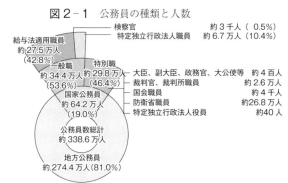

図2-1 公務員の種類と人数

注:1 国家公務員の数は,以下を除き,平成27年度末予算定員である。
2 特定独立行政法人の役員数は,平成26年10月1日現在の常勤役員数であり,特定独立行政法人の職員数は,平成27年1月1日現在の常勤職員数である。(特定独立行政法人は,平成27年4月1日以降,行政執行法人となっている)。
3 地方公務員の数は「平成26年地方公共団体定員管理調査」による一般職に属する地方公務員数である(総務省資料)。
4 数値は端数処理の関係で合致しない場合がある。
5 このほかに,非常勤職員の数は「一般職国家公務員在職状況統計表(平成26年7月1日現在)」による一般職の非常勤職員(独立行政法人の職員等を除く。)で約14.1万人である(内閣官房内閣人事局資料)。
6 国家公務員の構成比( )は,国家公務員642万人を100としたものである。

[出所] 人事院『公務員白書』(平成27年版)による。

表2-1 国家公務員給与適用法規

	給与に関する法律
一般職	
以下を除く一般の職員	一般職の職員の給与に関する法律
検察官	検察官の俸給等に関する法律
行政執行法人職員	行政執行法人の労働関係に関する法律
非常勤職員	一般職の職員の給与に関する法律＊1
特別職	
内閣総理大臣等	特別職の職員の給与に関する法律
宮内庁職員	特別職の職員の給与に関する法律＊2
裁判官	裁判官の報酬等に関する法律
裁判所職員	裁判所職員臨時措置法
国会職員	国会職員法
防衛省職員	防衛省給与法
国会議員の秘書	国会議員の秘書の給与等に関する法律

注:＊1 委員顧問参与等は,同法第22条1項で定額が定められ,その他の非常勤職員は,同法第22条2項に基づき,各庁の長が定める。
＊2 ただし,同法第10条によって,給与の種類,額など具体的な事柄は,一般の職員の例によると規定されている。

他方，人事院は，「給与その他の勤務条件の改善及び人事行政の改善に関する勧告，……（中略）……その他職員に関する人事行政の公正の確保及び職員の利益の保護等に関する事務をつかさどる」（国公法第3条②）と規定され，さらに給与法第2条において，人事院の給与に関する権限が定められている。

このように，人事院の給与勧告は，国公法および給与法に基づき，一般職国家公務員を適用対象としている。ただし，一般職に属する国家公務員であっても，検察官，行政執行法人の職員は人事院勧告の適用を受けない。

検察官の給与は，検察官の俸給等に関する法律（昭和23年，法76）の適用を受ける。その給与は，裁判官との処遇均衡を重視して決められている。

行政執行法人（旧特定独立行政法人）職員の給与については，その労働関係の大枠が，行政執行法人の労働関係に関する法律（昭和23年，法257）で決められ，それに基づく当該行政執行法人における団体交渉事項であり，労働協約締結によって決定される[2]。

非常勤職員の場合，給与法のうち常勤職員に適用される俸給表の適用除外となり，委員顧問参与等は人事院勧告によって定額（日額）が決められ（給与法第22条1項），その他の非常勤職員については，人事院勧告ではなく，各庁の長により，「常勤職員の給与との権衡を考慮し，予算の範囲内で」決められる（給与法第22条2項）。

次に，特別職の国家公務員の場合，特別職の国家公務員の給与に関する法律（昭和24年，法252）による内閣総理大臣等の場合のほか，国会職員法，裁判官報酬法，裁判所職員臨時措置法，防衛省給与法など個別法による場合がある。

以下，給与法適用の一般職国家公務員を対象とする人事院勧告について，その前史を含む変遷の歴史を振り返ることにしよう。

---

[2] 2015年4月から，特定独立行政法人は行政執行法人となった。なお，その際，国立病院機構は特定独立行政法人から中期目標管理法人に移行し，職員は非公務員型となった。

2 人事院勧告の変遷と現状（1948〜2015年）

（1） 人事院勧告をめぐる時期区分

まず，1948年の人事院（最初は臨時人事委員会）勧告以来，2015年まで68年間にわたる人事院勧告について，その前史を含めて時期区分を行い，それに従って，各時期の勧告内容や勧告をめぐる問題状況などについて，考察することにしよう。

① 前史—敗戦と戦後初期＝1945年8月〜48年後半
② 日本資本主義の再建，戦前水準回復期＝1948年〜54年
③ 高度成長初期，春闘成立期＝1955〜59年
④ 高度成長本格化，春闘高揚期＝1960〜74年
⑤ 高度成長の破綻，低成長期，春闘低迷期＝1975〜89年
⑥ バブル経済崩壊，長期不況期＝1990〜1999年
⑦ デフレ経済基調期＝2000〜2015年
⑧ 現状—給与構造改革および給与制度の総合的見直しについて

（2） 前史—敗戦と戦後初期＝1945年8月〜48年後半

1948年12月の国公法改定によって発足した人事院による勧告以前の戦後初期，政府と公務員関係組合との直接交渉の時期があったことは記録に値する歴史的出来事である。この戦後初期は概ね，次の三つの時期に分けることができる。

① 政府による応急措置の時期（1945年〜46年前半の時期）
② 団体交渉期（1）（1946年後半〜47年後半まで）
③ 団体交渉期（2）（1947年後半〜48年前半まで）

① 政府による応急措置の時期（1945年〜46年前半の時期）

敗戦から1946年前半の時期は，政府と公務員関係組合との間の団体交渉関係は未だ成立せず，当面，戦前の制度を継承しつつ，政府の独自判断のも

とで，勅令などをつうじて応急措置を講じていた時期である。そのあらましは次のとおり[3]。

- ・1945年12月　扶養手当の増額，臨時物価手当の創設
- ・1946年1～2月　越冬資金のための賞与支給
- ・1946年3月　臨時手当の創設
- ・1946年6月　6月賞与および臨時手当の増額

② 団体交渉期（1）（1946年後半～47年後半まで）

公務員関係組合の組織化がすすみ，旧労働組合法のもとで，中央労働委員会（中労委）が賃金調整機関となり，団体交渉をつうじて賃金交渉が行われた時期である。

戦後，公務員関係組合は，旧労働組合法適用のもとで，職場および省庁ごとの職員組合結成を経て，46年3月には，郵政，国鉄，中央官公庁の組合による全国官公職員労働組合連絡協議会（全官公労協）結成へと至った。

46年5月，全官公労協は賃金引き上げ要求を提出した。7月，政府（大蔵省主計局[4]）と全官公労協の直接交渉の末，新給与水準を600円とすることや6月賞与の倍額支給などの内容で妥結した。

この7月改定＝新給与水準（600円）に先立って，46年4月，官吏俸給令が施行され，官吏の俸給はすべて一本の俸給表に統一されることになった。さらに，7月改定によって，公務員（官吏）の俸給の最高と最低の格差は15倍から一挙に7倍弱に縮小した。

46年12月には，全官公庁共同闘争委員会（全官公庁）が結成され，共同要求を政府に提出した。だが，それに対する政府回答は，年末の赤字補填資金支給のほかは具体性を欠いていたので，全官公庁は47年1月11日，再度の共同要求を提出し，1月18日，二・一ゼネスト決行宣言を発した。1月28

---

[3] 以下，戦後初期の叙述にあたっては，とくに断りがないかぎり，労働省編『資料労働運動史』昭和20～21年版，労働争議調査会編（1957），日本労働協会編（1969），法政大学大原社会問題研究所編『日本労働年鑑』第22集および23集などを参照している。

[4] 大蔵省給与局が政府側の交渉窓口になったいきさつについては，今井一男（1958）に詳しい。

日,独自の立場から調停に乗り出していた中労委による調停案が提示されたが,それは不調に終わった。ただ,その中には官公吏待遇改善委員会(官待)設置案が含まれていた。なお,1月22日には,団体交渉機関ではないが,官制により給与審議会(給審)が設置された[5]。

マッカーサー命令により二・一ゼネストは中止されたが,給与の15割ないし4割加給などの大蔵省の暫定給与試案に基づく労使交渉により,事態はひとまず収束した。いわゆる1,200円ベースであったが,俸給の最高号俸と最低号俸の格差は4.3倍に縮小された。また,従来の学歴別身分と勤続年数を基準とする賃金決定から,年齢を基本とした生活給原則へと画期的な転換を遂げた。

このあと,2月28日,前記の官待準備委員会が開かれた。この官待が団体交渉機関となり,47年5月に1,600円ベースが実施された。さらに10月,給与審議会の答申を受けた1,800円ベースが官待にかけられ,決定された。

以上,その頃までが,比較的に団体交渉機能が発揮された時期といえよう。やがて47年後半以降から48年に入り,団体交渉機能は弱まっていった。

③ 団体交渉期(2)(1947年後半〜48年前半)

この時期,団体交渉機能が弱まり,48年7月のマッカーサー書簡・政令201号で公務部門の労働基本権は全面的に制限されるに至る時期であった。

団体交渉機能の弱化は,1948年1月改定の2,920円職階制ベース賃金をめぐって,きわめて明瞭になった。中労委はすでに47年11月14日,全逓の最賃制確立要求が中労委の調停にかかった際,次のような第一次調停案を提示した[6]。

[第一次調停案(抜粋)]

(一) 物価安定を基礎とする最低賃金制の確立については,(1)新給与実施期は明年1月とすること,(2)政府は本年11月中に臨時給与委員会(仮称)を設け明年1月から新給与を支給しうるよう即急に新給与案を作成すること,(3)本委

---

5) なお,官公吏待遇改善委員会および給与審議会については,大河内一男編(1966),p.61以下に関連資料が収録されている。
6) 労働争議調査会編(1957),p.111.

員会は政府並びに組合代表を加えることはもちろんであるが，従来の給与審議会及び官吏待遇改善委員会のごとき団体交渉的なものでなく，純技術的に給与水準並びに制度を研究査定する機関たらしむことが必要である。」((4) 以下および (二) 略)。

この調停案で，臨時給与委員会（臨給）を設置することが提案された。この調停案でも臨給の性格について述べているが，別に「臨時給与委員会発足に関する中労委の申入書」(1948.1.23) では一層はっきりと，「この機関は団体交渉の機関ではなく，専ら衆知を集めて調停案の趣旨による新給与水準を査定することを目的とするから，多数決制によることなく万一会員間で異論がある場合にもそれには一々具体的資料に基く理由を付けて報告されることを期待する」と説明していた。

政府は，この臨給の労働者側委員として，すでに内部対立が強まっていた公務員関係組合から，国労，全官，全逓を一方的に指名し，もって事態を押し切ろうとした。臨給参加をめぐって，組合側では激論の末，結局，国労だけが臨給に参加した。そして，この臨給で決まったのが，2,920円職階制ベース賃金であった。この受諾にあたっての政府の通告書（1948.3.13）は次のとおりである[7]。

1 給与水準

昭和23年1月以降の官庁職員の給与水準は2,920円（税込）とする（以下，略）。

2 本俸（本給）

本俸は現在の暫定加給，臨時増給及臨時手当を廃止して，一本の新本俸とする。新本俸の水準は2,000円を下らないものとする。

新本俸の切替に当たっては必ずしも各人の受ける現号俸を基礎としないで，各人の職務内容，責任の軽重，労働時間，労働の強度，労働環境，事務，技術，労務の別，その他労働に関する諸条件並びに民間における同一条件の者との権衡を勘案して決定する。

この新賃金を実施するべく，政府職員の俸給等に関する法律（昭和23，法12），政府職員の新給与実施に関する法律（昭和23年，法46）などが相次い

---

[7] 大河内一男編 (1966), p.93.

で成立した。

一般の職員に関する俸給表は15級より構成され、各級ごとに6～10号の号俸（俸給月額）が別表に定められた。賃金の上下格差は再び拡大された。給与体系は、年齢別生活給の保障原則から、職階制の枠内での学歴別資格別の年功制へと変えられた。アメリカ型の職務職階制賃金の導入は、この48年における2,920円ベ・ー・ス・賃金をもってはしりとする。

その後、48年7月、法律によって3,791円ベース賃金に改定され、6月にさかのぼって実施されたが、その職階制ベース賃金の性格は引き継がれていった。

こうして、1948年前半、公務部門における団体交渉機能はかなりに形骸化しつつあったが、1948年7月、マッカーサー書簡・政令201号の発出によって、争議権および労働協約締結権の否認という意味での団体交渉権が禁止され、公務員賃金決定のあり方は新たな歴史的段階を迎えることになった。すなわち、1948年に始まる労働基本権制限の代償措置としての人事院勧告制度下の賃金決定という新たな歴史的段階である。以下、人事院勧告の変遷の歴史を振り返ることにしよう。

（3） 日本資本主義の再建、戦前水準回復期＝1948年～54年

1948年12月10日、第1回の人事院勧告が出された[8]。すでに11月9日、臨時人事委員会として出されていた6,307円ベース勧告が、そのまま第1回人事院勧告となった。いわゆる労働基本権制限の代償措置としての人事院勧告の始まりである。表2-2として、人事院勧告とその実施状況（1948～54年）を掲げておこう。

第1回勧告＝6,307円ベース勧告は、48年6月、人事院勧告以前の3,791円ベースに対して、実に66.4％の大幅アップ勧告であった。とはいえ、当時のGHQ（総司令部）内部の意見対立とそれを反映する日本政府・大蔵省と人事院の間では、この勧告を公表するかどうかということ自体が争点となり、

8） 最初の国公法施行により、1947年11月1日、すでに人事行政に携わる機関として臨時人事委員会が設置されていた。1948年12月3日、国公法改定施行により、臨時人事委員会は人事院として発足することになった。

表2-2　人事院勧告とその実施状況（1948～54年）

勧告年月日	官民較差	人事院勧告 内容 俸給表等	人事院勧告 内容 特別手当	実施時期	政府実施 内容 俸給表等	政府実施 内容 特別手当	実施時期
1948.12.10	%	6,037円ベース	—	明記せず	勧告どおり	—	48.12.1
49.12.4		7,877円ベース	—	〃	実施せず	—	
50.8.9		8,058円ベース	—	〃	7,981円ベース	—	51.1.1
51.8.20		11,263円ベース	(6月, 12月に年間1.0月分)	26.8.1	10,062円ベース	(0.8月分)(12月)	51.10.1
52.8.1		13,515円ベース	期末, 勤勉の新設 期末1.0(6月,12月)月分 勤勉0.5(12月)月分	27.5.1	12,820円ベース	勧告どおり	52.11.1
53.7.18		15,480円ベース	期末0.5(6月,12月)月分を増額	可及的迅速	15,483円ベース	期末0.25(12月)月分を増額 期末0.25(6月)月分を増額	54.1.1
(54.7.19)		(勧告留保)					

［備考］　本表中,「期末」とは「期末手当」を,「勤勉」とは「勤勉手当」をいう。
［出所］　大蔵省主計局給与課監修『公務員給与便覧』（1978年版, 大蔵財務協会）による。

ついでその実施問題が争点となった[9]。結局, 第1回勧告は, 48年12月は勧告どおり実施されたが, 予算を理由に, 49年1～2月は, 5,203円27.5銭に下がり, 3月に6,307円ベースに戻るという, きわめて変則的な実施となった。

こうして1948年の第1回勧告は一応, 実施されたが, 1949年の第2回勧告＝7,877円ベース勧告は, ドッジライン下の厳しい財政緊縮政策と大量行政整理とが相まって全く実施されなかった。この年, 公共企業体に移行した

専売・国鉄に関しては，ベースアップ（以下，ベアと呼ぶ）ではなく，待遇切下げ是正45億円とする仲裁裁定が出されたが，その実施は15億500万円分という不完全実施であった。なお，この仲裁裁定の不完全実施は，1952年以降，国鉄，郵政など3公社5現業に拡大していった[10]。

　その後，1950年から53年まで，毎年，ベア勧告が出されたが，いずれもベア勧告の金額の値切り実施であった。この時期，国鉄・専売の調停・仲裁裁定は，実施時期は値切られたが，金額の値切りはなく，額面どおり実施されていた。それだけに，労働基本権制限の代償措置としての人事院勧告制度の不十分さが目立っていた時期でもあった。

　やがて1954年，官民給与格差は歴然と存在したにもかかわらず，人事院は勧告そのものを留保するという異常な事態が発生した。この年，すでに朝鮮特需が消滅して不況が到来していたが，政府の財政緊縮政策と相まって，

---

9) この第1回勧告におけるそうした意見対立の内部事情について，初代人事院総裁であった浅井清氏は，その回想文で次のように述べている。やや長いが，重要な歴史的証言なので以下に引用しておこう（浅井清「国家公務員法の制定と第1回給与勧告」（所収，人事院編（1978），pp.39～40.）。

　「当時大蔵省の背後には，司令部の「経済科学局」（ESS）がおり，人事院の背後には，「民政局」（GS）がおり，「民政局」は，政府の立法，行政全般を握り，「経済科学局」は政府の予算全般を握り，この2つの「局」は仲が良くなかったので，両者の争いが，わが国に転移して，政府対人事院の抗争となった。これはのちに吉田茂首相から筆者が聞いた話だが，「経済科学局」の長であるマーカット（Marqeut）氏は，勧告を公表しないよう指示したという。これはとりも直さず，勧告を握りつぶせといっているのである。これに対して，「民政局」は，「勧告後十分以内に」その発表を人事院に指示しているのである。しかし，給与引き上げの勧告の実施は，予算を要するから「経済科学局」の了解なしにはできない。その「経済科学局」は，事実上，勧告の握りつぶしを指示している。そうして，給与勧告制度そのものがはっきりしないのであるから，人事院の立場は苦しい。いきおい，政府及びその当時の与党たる自由党と衝突せざるをえない。

　そのうえ，民主主義政治のいまだ浸透していない日本人は，まだ「勧告」という制度によく習熟していなかった。勧告には公表ということが，欠かすことのできない要件である。この公表によって反対党や国民が勧告を支持するか否かが，大きな力になるからである。」。

10) 当時の3公社5現業に関わる仲裁裁定の不完全実施を契機に，それに抗議する実力行使（事実上の時限スト）→行政処分が繰り返された。そして争議権を含む労働基本権奪還闘争へと発展し，やがてILO87号条約批准闘争へと展開していった。関連文献は数多いが，さしあたりILO提訴の先陣を切った全通信労働組合編（1960）を挙げるに留める。

民間・公的部門を問わず，賃金引き上げは難航した。当時の総評など労働側は"賃金ストップ政策"打破を掲げ，対決の姿勢を強めた。

この年，私鉄・電力の賃金について，中労委はベアに代わる定期昇給制導入を提案し，3公社5現業の賃金紛争に関わる公労委（公共企業体等労働委員会）は調停・あっせん案で，ベアではなく俸給制度再検討，不合理・不均衡の是正などを提案した。

この年8月，公労委の調停・あっせん案の提示に先立って，人事院はベア勧告そのものを留保し，報告のみという異常な対応を行った。その際の人事院「報告」の一節は，次のとおりであった。

「たとえ公務員の現行給与にはなお改善すべき点があり，現行俸給表が適当なものではあると云い得ないとしても，他面，わが国の経済はいまや転換期にあり，給与を決定すべき諸条件に幾多の不確定な要因を含んでいる現段階において，単なる民間給与との較差をもって，従来のごとく直ちに俸給表の改訂を行うことは必ずしも当を得た措置とは考えられない。」。

この1954年，これまでのベア勧告の値切り実施などにより，官民給与格差は優に15％くらいは開いていたと言われている[11]。にもかかわらず，この勧告留保は，労働基本権制限の代償措置としての人事院勧告制度そのものに疑問符がつく異常な措置でもあった[12]。

（4） 高度成長初期，春闘成立期＝1955～59年

1954年の勧告留保のあと，1955～59年の5年間，ベア勧告はなく，給与制度の改定などの調整が行われた時期であった。**表2-3 人事院勧告とその実施状況（1955～59年）**を掲げておこう。

この時期，ベア勧告は行われず，代わって事実上の給与水準引き上げにはなったが，期末・勤勉手当など一時金の増額，俸給表体系の改定や通勤手当の新設などが行われた。人事院は，この時期を「制度合理化」の時期とのち

---

11) 尾崎朝夷「大願成就〈給与勧告完全実施〉のあとさき」（人事院（1978）による。
12) 川村祐三氏は，GHQ（とくに民政局）の後ろ盾を失って以降，人事院廃止論が台頭していたが，1954年の勧告留保は，不景気のせいだけでなく，「主な動機は人事院廃止論にたいする顧慮だった」のではないかと述べている（川村祐三（1997），p.56）。

表2-3 人事院勧告とその実施状況（1955～59年）

勧告年月日	官民較差	人事院勧告 内容 俸給表等	人事院勧告 内容 特別手当	実施時期	政府実施 内容 俸給表等	政府実施 内容 特別手当	実施時期
1955. 7.16		—	期末，勤勉 0.25（12月）月分を増額	明記せず		期末 0.25（12月）月分を増額	55.12
56. 7.16	11.0	俸給表 5.8% up（俸給表の合理化）	年度末手当の新設 0.15（3月）月分	可及的迅速	勧告どおり	期末手当 0.15（2月）月分	57. 4. 1
57. 7.16	3.0	通勤手当の新設（限度600円）	期末 0.15（12月）月分を増額	〃	通勤手当新設 限度600円，ただし，実費から100円を差し引く。	勧告どおり	57.11.18
58. 7.16	4.1	俸給表 1.84% up	期末 0.25（6月，12月）月分を増額	〃	勧告どおり	〃	59. 4. 1
59. 7.16	5.7	俸給表 3.32% up	期末 0.1（6月）月分を増額	〃	勧告どおり	〃	60. 4. 1

［出所］ 表2-2に同じ。

に規定している[13]。

　日本の高度経済成長は，1954年後半には開始されていたが，まだ成長率は低く，折から開始された春闘における賃上げ成果もまだ小さかった。ベア勧告留保はそうした事情も反映していた。とはいえ，「制度合理化」といった弥縫策には限界があり，やがて官民格差が年々，累積していった。
　この時期，「制度合理化」として大きな意味を持ったのが，1956年勧告による俸給制度の大幅な改定である。それは一部修正されて，57年4月1日から実施された。参考までに，表2-4として，一般職国家公務員に適用される俸給表の種類の変遷を掲げておこう[14]。
　この俸給制度改定の要点は次の点にあった。①俸給表の種類，名称を改め，

---

13) 人事院（1968），p.209.

第2章 人事院勧告制度下の公務員賃金決定　47

表2-4　一般職の職員に適用する俸給表の種類の変遷

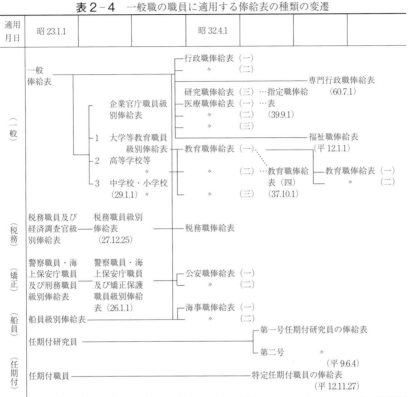

注：1　昭和23年以降における俸給表の種類の変遷と，その相互関係を図示すれば，上記のとおりである。また39.9.1より，等級の一部が改正されたほかに新たに，指定職俸給表が新設された。
2　23.11.1 鉄道現業職員級別俸給表が新設され，25.4.1（24.6.1 公社職員となる。）廃止された。ただし，専売，電電の職員については，一般俸給表が適用されたが，24.6.1 適用除外となる。
3　26.10.1に，五現業および電電（27.8.1 適用除外となる。）の職員に適用する「企業官庁職員級別俸給表」が新設されたが「国の経営する企業に勤務する職員の給与等に関する特例法」が，制定されたため，この俸給表は，29.6.1 廃止された。
4　60.7.1 より等級が廃止され，級に改正されたほか専門行政職俸給表が新設された。
5　平9.6.4 法65 一般職の任期付研究員の採用，給与及び勤務時間の特例に関する法律の施行に伴って，第一号及び第二号任期付研究員俸給表が新設された。
6　平11.11.25 法141 一般職の職員の給与に関する法律等の一部改正により福祉職俸給表が新設された。
7　平16.10.28 法136 一般職の職員の給与に関する法律等の一部改正により教育職俸給表が（一），（二）に再編された。

［出所］（財）大蔵財務協会編『公務員給与便覧』（平成20年版）。
［引用者注記］
(1) この表には，2008（平成20）年4月に新設された専門スタッフ職俸給表はまだ掲げられていない。
(2) この表には，給与法第6条の俸給表適用除外である任期付研究員，任期付職員も掲載されている。

7種14俸給表（勧告は8種12俸給表）とする。②1948年以来の15級制を8等級制にする（勧告は7等級制）。③行政職を新たに行政職（一）と（二）に分離する。④従来の通し号俸制を廃止する。⑤頭打ち・枠外者の是正のため，各等級の幅の合理化，概ね以上であった。

　こうした改定が必要であった理由の一端は，⑤の措置理由となった頭打ち・枠外者の大量累積にある。人事院の説明によっても，1954年1月現在で14.9％，56年1月では18.4％と年々，累積していった[15]。もともとは，号俸幅の少ない15級職階制の機械的適用がなせるわざであったが，それに加えて，その手直しが不十分のまま，1954〜55年のベア勧告留保によって頭打ち・枠外者が累積していった。号俸幅の拡大などによって，一定の措置を行い，頭打ち・枠外者の是正措置を行わざるを得なかったわけである。

　残る①②③④を貫いている基調は，これまでの通し号俸制，一般俸給表という包括性などをつうじ，なお根強かった年功的生活給的な性格をできるだけ払拭し，職務職階給的性格を強めることにあった。とりわけ，行（一）と行（二）など俸給表を細分し，職種対応的性格を強めたこと，通し号俸制を廃止し，年齢給的原則の作用を弱めたこと，そのうえで等級制の強化などにそのことが見られる。

　この基調は，当時，鉄鋼など民間大企業における"年功賃金から職務給へ"の改変，あるいはむしろ"年功的職務給化"とも呼ぶべき改変に見合っていたのであり，その公務員版でもあった。

　このように，ベア勧告留保を一方の基調としながら，他方で，公務員の賃金形態・体系の重要な改変を行ったのが，この時期の人事院勧告の特色である。この1957年の俸給制度改変による公務員の俸給表体系の基本は，**表2-4**に見られるように，今日も依然として引き継がれている。

　こうした改変を比較的スムーズに行い得たのは，本来，労働基本権制限の代償制度である人事院勧告の場合，ベア＝賃金水準だけではなく，賃金の配

---

14) ただし，この表2-4には，2008（平成20）年4月に新設された専門スタッフ職俸給表はまだ掲げられていない。また，給与法第6条の俸給表適用除外である任期付研究員および任期付職員が掲載されている。
15) 人事院（1978），p.181.

分＝賃金形態・体系も一方的に決めることができることに由来していた。

　ただ，それにしても，1954～59年，肝心のベア勧告留保が引き続いたもとで，官民格差は開く一方であった。やがて，高度成長の本格化のもとで，人事院勧告のあり方は大きな転換を余儀なくされた。

（5）　高度成長本格化，春闘高揚期＝1960～74年

　1960年，人事院は，12.4％，2,680円引き上げという，当時としては大幅なベア勧告を行い，あわせて勧告に実施時期（5月）を初めて明記した。勧告と同時に行われた報告の冒頭で，人事院は次のように述べていた。

　　「最近，わが国経済の驚異的な成長にともない，民間勤労者の給与は，顕著な上昇を示しているのに対し，一般職の国家公務員……の給与は最近数年間，全面的な改善が行われなかった事情もあって，民間の給与に比して，相当低く，またこれを裁判官，検察官あるいは三公社五現業等職員の給与に比しても，同様に相当の較差がある。……

　　次に一般職の国家公務員は，団体交渉権および争議権を有せず，その給与改善は，もっぱら人事院の勧告に基づいてなされているが，近来，この勧告は，毎年3月の時点において，官民の給与較差および生計費を調査し，7月に国会および内閣に提出されている。しかるに，その勧告の中心をなす俸給表の改善については，次の会計年度の4月から，はじめて実施されることを常例とする現状があり，一般職の国家公務員の給与改善が，常に著しく遅れ，常に民間給与の上昇に追いつかないという事実に特に注目すべきである」。

　このように，「最近，数年間，全面的な改善が行われなかった事情もあって」，官民給与格差は著しく拡大していた。そのほかの理由としては，①これまで勧告実施の翌年度回し，②高度経済成長による労働市場の逼迫に伴う民間賃金の著しい上昇，③消費者物価の上昇などが挙げられる。

　もちろん，1960年，大幅ベア勧告に至った理由は，そうした経済的要因だけでは説明できない。そのほか「政治的・制度的要因[16]」として，④60年安保闘争・三池争議など勧告に先立つ諸情勢，⑤春闘の高揚の一環としての公務員共闘会議の結成と活動の強化など労働側の攻勢が挙げられる[17]。

　この60年勧告が，民間賃金の比較調査時点をそれまでの3月から4月に

変更したことを含め,これまでの官民給与格差を大幅に埋め合わせたのは確かである。それだけでなく,1961年の公労委による10％アップ仲裁裁定に波及し,61年の春闘相場を間接的にリードしたのも確かであろう。それ故,「勧告が翌年春闘の引金となるという財界の苦情をその後長く作り出す元となった[18]」といわれる所以になった。

同時に,公務員共闘会議など労働側の追及もあって明記されることになった5月実施勧告[19]は,実際は10月実施に値切られたため,以後,70年代初頭に至るまで,勧告の実施時期問題が一つの重要な争点となった。

1961年は7.3％,62年は9.3％,63年は7.5％と,比較的コンスタントなベア勧告が続いた（表2-5）。だが,実施時期は10月のままであり,5ヵ月分が値切られていた。この間,高度成長の本格化,春闘方式の広がりも顕著であった。そして,1964年春闘で一つの重要な転機を迎えた。

この1964年春闘では,すでに民間の重化学工業労組先頭方式が明瞭になっていたが,他方で,国労,全逓など3公社5現業の労組からなる公労協の大規模な4.17スト（中止）が計画されていた。そのストに至る過程であらためて問題になったのは,民間春闘相場と3公社5現業関係の賃金とをどう関係づけるかにあった。

スト中止に至る池田・太田会談では,民間春闘相場を尊重し,3公社5現業賃金への反映（民間賃金準拠）が確認された。これを契機に,賃金相場形成の波及サイクルは,民間相場→3公社5現業（公労委裁定）→人事院勧告へというサイクルを形成するようになった。こうした波及サイクルの形成は,人事院の官民給与の比較基準の変化にも影響を及ぼしている。

---

16) 神代和欣「賃金決定における中労委・公労委・人事院」（大河内一男編（1967））ですでに指摘されている要因である。神代氏は,そのほか,この年,12年務めた浅井清人事院総裁が辞める年にあたり,それだけに相当な熱意をもって臨んだことも理由に挙げている。人事院の存在意義と関わるパーソナルな事情としては肯ける理由である。
17) 公務員共闘会議は,1960年2月29日,前年に結成された国公・地公闘会議が名称を変更し,結成された。
18) 前傾,尾崎朝夷「大願成就〈給与勧告完全実施〉のあとさき」（人事院（1978）,p.261.）による。
19) 吉岡恵一氏の「回想」による（人事院（1968）,p.19.）。

表2-5 人事院勧告とその実施状況（1960～74年）

年	勧告				政府実施	
	勧告月日	内容（較差）	実施時期（月例給）	期末・勤勉手当支給月数	内容	実施時期（月例給）
		%		月		
1960	8.8	12.4	5.1	3.0	勧告どおり	10.1
61	8.8	7.3	〃	3.4	〃	〃
62	8.10	9.3	〃	3.7	〃	〃
63	8.10	7.5	〃	3.9	〃	〃
64	8.12	8.5	〃	4.2	〃	9.1
65	8.13	7.2	〃	4.3	〃	〃
66	8.12	6.9	〃	(〃)	〃	〃
67	8.15	7.9	〃	4.4	〃	8.1
68	8.16	8.0	〃	(〃)	〃	7.1
69	8.15	10.2	〃	4.5	〃	6.1
70	8.14	12.67	〃	4.7	〃	勧告どおり
71	8.13	11.74	〃	4.8	〃	〃
72	8.15	10.68	4.1	(〃)	〃	〃
73	8.9	15.39	〃	(〃)	〃	〃
74	7.26	29.64	〃	5.2	〃	〃

［備考］期末・勤勉手当支給月数の「（ ）」は勧告を行っていない（前年と同月）。
［出所］人事院『公務員白書』（平成27年版）より作成。

　人事院の官民給与比較方式には，これまで何度か変更が加えられてきた。概要は次のとおりである。①まず調査事業所の規模は，1951年以降，50人以上となり定着した。②そのうえで，1964年以降，新たに企業規模100人以上という基準が設けられ，試行的に実施されたあと，1965年から事業所規模50人以上で，企業規模100人以上に切り替えられた[20]。③民間調査の時期は，1960年以降，それまでの3月時点から4月時点となり，④それに伴い，1965年以降，春闘妥結時期が遅れ，4月遡及改定分（いわゆる春闘積み残し分）が調査・加算されるようになった。

---

[20] ただし，2006年，事業所規模50人以上で，企業規模は50人以上に下方修正され，現在に至っている。

そのうち，とくに②企業規模100人以上という基準が取り入れられたのは，池田・太田会談で3公社5現業賃金についての民間準拠が確認されたあと，公労委の仲裁裁定において，この基準が採用されたからであった。さらに，④春闘積み残し分の調査・加算は，65年不況下で，春闘妥結時期が目立って分散したという事情と労働側のかねてからの強い要求でもあったが，結局のところ，春闘方式による民間賃金相場形成をフォローすることが事実上，容認されたことを意味していた。

　このように，64～65年における春闘の高揚およびそれを受けた人事院勧告における官民給与格差算定基準の変更という以上の文脈の中で，65年以降の人事院ベア勧告を位置づけることができる。65年7.2％のあと，66年6.9％，67年7.9％，68年8.0％，69年10.2％とベア勧告が続いた。

　残る問題の一つは，勧告の実施時期についてである。公労委調停・仲裁裁定の完全実施問題は，公労協の強固な闘争もあって，すでに1955～56年ごろにはほぼ解決し，完全実施が実現していた。だが，60年の人事院勧告で明記された「5月実施」は実現せず，10月実施ということで63年まで続いていた。したがって，この時期，勧告の完全実施問題としてクローズアップされたのは実施時期問題であった。

　こうした完全実施問題を振り返る場合，欠かすことのできないのは，この時期の公務員共闘会議の闘争である。表2-6は，勧告の実施時期と公務員共闘会議の動向を示したものである。

　1960年2月に結成された公務員共闘会議は，折からの60年安保・三池闘争の高揚をバックに，対人事院および政府交渉を行い，民間給与調査時期の3月から4月への繰り下げ，勧告における5月実施明記を実現させた。

　1964年，東京オリンピックの年，世論にアピールするため，代々木のオリンピック村で大衆動員を行い，10月実施から9月実施へと遂に1ヵ月繰り上げに成功した。それ以降，スト権奪還闘争ともからみながら，実力行使へと移っていった。5月実施勧告の実施時期は，67～69年，8月実施から6月実施へと1ヵ月づつ繰り上がり，69年には画期的な11・13ストを経て12・18ストを構えるなかで，政府に来年度より5月実施を確約させた。そして71年，春闘の場でのストライキ敢行を経て，72年度より4月実施勧告

表2-6 勧告の実施時期と公務員共闘の動向

	勧告	実施時期	公務員共闘の動向
1960年	5月1日	10月1日	2.25 結成, 3.5 政府会見, 3.25 人事院大衆デモ
61年	〃	〃	
62年	〃	〃	
63年	〃	〃	
64年	〃	9月1日	オリンピック村など大衆集会・デモ
65年	〃	〃	自治労半日スト（不発），日教組授業カット
66年	〃	〃	10.21 半日から1時間スト（刑事罰，行政処分）
67年	〃	8月1日	10.26.
68年	〃	7月1日	10.8.
69年	〃	6月1日＊	7.10, 11.13, 12.18（中止）
70年	〃	5月1日	7.10.
71年	〃	〃	5.20（春闘），7.15.
72年	4月1日	4月1日	5.19（春闘），7.13（中止）
73年	〃	〃	2.10 スト権回復スト，4.17 年金スト，4.27 半日

＊ ただし，6月期特別給には波及せず。
　　数字だけはストライキを意味する。
［出所］労働省『資料労働運動史』各年版，法政大学大原社会問題研究所編『日本労働年鑑』各集版などから作成。

と4月実施の実現へと至った。

　こうして，人事院勧告の完全実施問題は，4月実施勧告とその実施ということで1972年に決着した。とはいえ，人事院勧告制度が労働基本権制限の代償措置としての制度であること自体に変わりはないのであり，公務員共闘会議の取り組みはこれ以降，労働基本権奪還を目標に，"本格的賃金闘争"を構築することにあった。ただし，この"本格的賃金闘争"は，73年の全農林警職法事件最高裁判決，74年のオイル・ショックを契機とする高度成長の破綻とその後の低成長への転化，75年のスト権回復ストの挫折などにより，その構築には至らなかった。

　人事院勧告は，73年15・39％アップという大幅ベア勧告のあと，73年秋のオイル・ショックとその後の狂乱物価状態のもとでの74年，29・84％という空前のベア勧告へと至った。だが，75年以降，事態は一変する。

(6) 高度成長の破綻，低成長期，春闘低迷期＝1975～89年

　1974年度の経済成長率は，戦後初めてマイナスを記録した。高度成長は破綻し，日本経済は一転して低成長の時代に入り，春闘も75年以降，低迷していった。もっとも，とくに80年代前半，日本経済はややもち直しの傾向も見られたが，やがてバブル経済ははじけ，90年代の長期不況に突入した。
　表2-7人事院勧告とその実施状況（1975～89年）を掲げておこう。
　1975年の人事院勧告は，前年の29.64％から一挙に10.85％に落ちこんだ。76年は6.94％，77年6.92％とひとケタのベア勧告のあと，ついに78年3.84％と国公法28条に規定された「百分の五」（5％）以下に落ちこんだ。
　この70年代後半，公務員賃金に関わって，いま一つ見逃せないのは，地方自治体に働く地方公務員賃金と義務教育等の教員賃金をめぐる対照的な政策動向にある。前者に関しては，当時の革新自治体対策がらみで，保守系住民をも巻きこみながら，国家公務員賃金に比べ高すぎるとする"地公賃金攻撃"が強められた。他方，当該教員賃金については，教員人材確保法に沿って教員賃金の改善措置がなされた。前者は人事院勧告の対象外であり，地方公務員の賃金決定に関わる事柄であったが，後者とくに国立の関係は人事院勧告の対象範囲にあり，74～78年と3次にわたる教員給与改善の人事院勧告が出された。その結果は，諸手当の改善を含め，おそらく20％前後のアップになったと推測される[21]。国立関係の義務教育等教員の賃金に続いて，公立系教員の賃金改善も進んだ。
　こうした"地公賃金攻撃"と他方における教員賃金の改善という対照的な政策対応は，70年代後半，公務員共闘会議の二大大衆組織である自治労と日教組への政策対応の違いとして見た場合，"ムチとアメ"といった具合に，きわめて政治的な意味合いを持っていたものとして注目される。前者は人事

21）　第1次および第2次改善分については，人事院によれば，計16％とされている（人事院（1978））。第3次改善分は，特別手当増，指導手当新設，校長・教頭の等級格上げ，主任手当新設などであり，その賃金改善額は明示されていないが，第1次，第2次分と併せ，ほぼ20％前後と推測される。なお，主任手当新設などは日教組の反対を押し切って導入された。

表2-7 人事院勧告とその実施状況（1975～89年）

年	勧告				政府実施	
	勧告月日	内容（較差）	実施時期（月例給）	期末・勤勉手当支給月数	内容	実施時期（月例給）
1975	8.13	10.85	4.1	(5.2)	勧告どおり	勧告どおり
76	8.10	6.94	〃	5.0	〃	〃
77	8. 9	6.92	〃	(〃)	〃	〃
78	8.11	3.84	〃	4.9	〃	〃
79	8.10	3.70	〃	(〃)	〃（ただし，指定職は10.1実施）	〃
80	8. 8	4.61	〃	(〃)	〃（ 〃 ）	〃
81	8. 7	5.23	〃	(〃)	管理職員等・調整手当改定年度内繰り延べ 期末・勤勉手当旧ベース算定	〃
82	8. 6	4.58	〃	(〃)	実施見送り	—
83	8. 5	6.47	〃	(〃)	2.03%	勧告どおり
84	8.10	6.44	〃	(〃)	3.37%	〃
85	8. 7	5.74	〃	(〃)	勧告どおり	7.1
86	8.12	2.31	〃	(〃)	〃	勧告どおり
87	8. 6	1.47	〃	(〃)	〃	〃
88	8. 4	2.35	〃	(〃)	〃	〃
89	8. 4	3.11	〃	5.1	〃	〃

［備考］ 期末・勤勉手当支給月数の「( )」は勧告を行っていない（前年と同月）。
［出所］ 人事院『公務員白書』（平成27年版）より作成。

院が勧告で直接に関与しない事柄であるが，後者は教員人材確保法→人事院勧告という関係において，人事院の"政治性"が発揮された事例として注目される。

別に，1978年の3.84％ベア勧告は，国公法28条に規定されている「百分の五」(5％) 以下であることが注目される。「百分の五」という数値を一つの目安にしつつも，それにこだわらないとしたのは，結局，人事院勧告が労働基本権制限の代償措置であることに由来し，発足から30年間を経て，人事院勧告制度が定着・慣行化していることを意味していた[22]。これ以降，5

%を下回る勧告が常態化して今日に至っている。

　この時期，いま一つ，注目すべきは，1982年の人事院勧告実施見送りである[23]。当時，第2臨調を中心とする"増税なき財政再建"の旗印のもと，鈴木善幸首相は「財政再建宣言」を発し，人事院勧告の実施見送りを決定した。1949年勧告の実施見送り以来，33年ぶりのことであった。この勧告実施見送りは，それによる公務員賃金決定の社会的経済的波及・影響の大きさに関する議論を呼び起こした。

　この82年の人事院勧告の実施見送りのあと，当面，問題になったのは，その後の官民賃金格差拡大をどう処理するかにあった。人事院は民間準拠に則り，83年6.47％，84年6.44％の引き上げ勧告を出したが，政府は人事院勧告とは別に大蔵省の計算に基づいて，83年2.03％，84年3.37％の引き上げを実施し，ここに1950年代前半のような人事院勧告の値切り実施となった。だが，85年，ベア5.74％は人事院勧告どおりの実施となり，実施時期が7月1日と3ヵ月遅れにされた。ようやく，人事院勧告によらない異常事態が解消したのは86年であり，金額，実施時期とも勧告どおりとなった。ただし，80年代後半，すでに5％以下という低ベア勧告は常態化していた。

　なお，この期間，給与制度の改革としてとくに重要なのは，85年の勧告によって，行政職（一）俸給表を1957年以来の8等級制から11級制へと改定したことである。この改定は，①専門行政職俸給表の新設とセットで，職務の複雑・専門化，職務段階の分化に対応するという意味とともに，②国家公務員への60歳定年制の導入にあたり，8等級から11級制に細分化した各級における号俸幅の増設措置により，人件費を節減しつつ，定年年齢までの俸給表上の号俸を設けるという意味を持っていた。

---

22) この時，実際には，物価が上昇しているため実質賃金を維持する必要があること，3公社5現業賃金改定とのバランスを図ること，1年見送ると次は2年分の大きな格差が生じることなどが考慮された。

23) 1982年の人事院勧告実施見送り・凍結の一部始終については，早川征一郎「人事院勧告凍結問題」（法政大学大原社会問題研究所『日本労働年鑑』（第54集・1984年版，労働旬報社）を参照されたい。ただし，そこでは無署名となっている。

（7） バブル経済崩壊，長期不況期＝1990～99年

1985年9月のプラザ合意以来，急激な円高・ドル安が進行した。日銀は不況克服，内需拡大のため，相次いで公定歩合を引き下げ，日本経済は超金融緩和時代に突入した。それを象徴するカネ余り現象は，土地投機などマネーゲームが横行するバブル経済を出現させた。

だが，東欧の民主化などを契機に戦後の東西対立の構図が崩れ始め，世界経済はアメリカ発のグローバル経済化に進み始めた1989年，日銀は一転して相次ぐ金融引き締め政策を打ち出した。それにより，急激な信用収縮・投機意欲の減退などバブル経済は崩壊し，1990年代の日本経済は，"失われた10年"と呼ばれる長期不況の時代に突入した。

1989年に再編された労働戦線のもと，連合，全労連は，それぞれ春季生活改善闘争，国民春闘の再構築を掲げ，春闘を展開したが，不況下で春闘相場は80年代に比べ一層，低迷した。賃金の官民比較（民間準拠）を最大の根拠とする人事院勧告における引き上げ水準もまた低迷した。表2-8は，この時期の勧告とその実施状況を示したものである。

この時期，人事院勧告は，90年3.67％，91年3.71％，92年2.87％と2～3％台であったが，93年，94年は1％台，95年以降は97年を除き，ゼロ％台にまで落ちこんだ。期末・勤勉手当も1990年の5.35月から99年には4.95月に減少した。このように，勧告における引き上げ水準は低くなっていたが，国公法28条にいう「百分の五」（5％）を下回っても，引き上げ勧告自体は続いていた。

なお，この時期，給与制度改革としては，あまり見るべき大きな改革はなく，諸手当の調整に留まっていた。ただ，1990年代，民間においては，年功的賃金の見直しとそれに代わる職能資格賃金など能力・実績（成果）主義的賃金制度が普及しはじめており，そうした動向を公務部門にも及ぼすべきだという主張がしだいに台頭していったのは別に留意が必要である。

やがて2000年代に入り，もはや人事院勧告における給与水準引き上げ自体が行われなくなり，他方で，能力・実績主義的制度導入の動きも本格化し，90年代とは事態が一変することになった。

表 2-8　人事院勧告とその実施状況（1990～99 年）

年	勧告				政府実施	
	勧告月日	内容（較差）	実施時期（月例給）	期末・勤勉手当支給月数	内容	実施時期（月例給）
1990	8.7	3.67	4.1	5.35	勧告どおり	勧告どおり
91	8.7	3.71	〃	5.45	〃	〃
92	8.7	2.87	〃	(〃)	〃	〃
93	8.3	1.92	〃	5.30	〃	〃
94	8.2	1.18	〃	5.20	〃	〃
95	8.1	0.90	〃	(〃)	〃	〃
96	8.1	0.95	〃	(〃)	〃	〃
97	8.4	1.02	〃	5.25	〃（ただし，指定職は98.4.1 実施）	〃
98	8.12	0.76	〃	(〃)	〃	〃
99	8.11	0.28	〃	4.95	〃	〃

［備考］　期末・勤勉手当支給月数の「（ ）」は勧告を行っていない（前年と同月）。
［出所］　人事院『公務員白書』（平成 27 年度版）より作成。

（8）　デフレ経済基調期 = 2000～2015 年

　2000 年以降の日本経済は，経済成長率という点でいえば，02 年，08 年が実質 GDP は前年比マイナス成長となった。その他の年は，プラス成長だとしてもほぼ横ばいに近い成長率である。賃金・物価動向も，全体として前年比で減少ないし横ばいで推移している。

　2014～15 年は，日銀による金融の異次元緩和などをはじめとする"アベノミックス"が展開されたが，円安の急激な進行や 2014 年の消費税 5％から 8％への引き上げによる個人消費の落ちこみなどによって，全体としてはデフレ経済基調から脱したとはいえず，今日まで推移している。

　そうした経済基調のもとで，2000～2015 年の 16 年間の人事院勧告は，①基本給改定なし 6 回（2000,01,04,06,08,12 年）および勧告留保 1 回（2013 年），②基本給引き下げ 6 回（2002,03,05,09,10,11 年），③基本給引き上げ勧告は 2007 年および最近の 2014～15 年の 3 回である。全体として，厳しい給与水準抑制傾向のまま推移している。表 2-9 は，この時期の人事院勧告とその実施

表 2-9 人事院勧告とその実施状況（2000〜15年）

年	勧告				政府実施	
	勧告月日	内容（較差）	実施時期（月例給）	期末・勤勉手当支給月数	内容	実施時期（月例給）
2000	8.15	0.12（子等に係る扶養手当引上げ）	4.1	4.75	勧告どおり	4.1
01	8. 8	0.08（特例一時金）	〃	4.70	〃	〃
02	8. 8	△2.03＊1		4.65	〃	12.1
03	8. 8	△1.07		4.40	〃	11.1
04	8. 6	水準改定の勧告なし	—	(〃)＊2	—	—
05	8.15	△0.36		4.45	勧告どおり	12.1
06	8. 8	水準改定の勧告なし	—	(〃)	—	—
07	8. 8	0.35	4.1	4.50	勧告どおり（ただし，指定職は実施見送り）	勧告どおり
08	8.11	水準改定の勧告なし	—	(〃)	—	—
09	8.11	△0.22		4.15	勧告どおり	12.1
10	8.10	△0.19		3.95	〃	〃
11	9.30	△0.23		(3.95)	俸給水準改定は勧告どおり	2012.3.1＊3
12	8. 8	水準改定勧告なし＊5	—	(3.95)	—	—＊4
13	8. 8	水準改定勧告なし＊5	—	(3.95)	—	—＊4
14	8. 7	0.27	4.1	4.10	勧告どおり	勧告どおり
15	8. 6	0.36	4.1	4.20		

［備考］　＊1　「△」は，給与引き下げ勧告を意味する。
　　　　＊2　期末・勤勉手当支給月数の「()」は勧告を行っていない（前年と同月）。
　　　　＊3　2011年は，内閣は人事院勧告実施の法案を提出しないとしたが，議員立法（給与改定・臨時特例法）により，勧告を実施した（水準改定以外は，一部勧告内容を修正）。
　　　　＊4　2012〜13年度は，勧告とは別に，給与改定・臨時特例法による減額措置が実施された。
　　　　＊5　2012年の較差は，給与改定・臨時特例法による減額前で△0.07％，2013年は同法による減額前で0.02％の較差があった。
［出所］　人事院『公務員白書』（平成27年版）による。ただし，2015年は人事院『人事院月報』2015年9月号による。

状況を示している。

　同時に，この時期，民間における年功賃金の見直しとそれに代わる職能資格制度や能力・実績主義あるいは成果主義的賃金制度の普及を公務員賃金制度にも反映すべきだとする諸々の圧力が強まった。とりわけ2001年の中央省庁再編以降，公務員制度改革の一環として，能力等級制度と新たな人事評価制度の導入が問題となった。この後者の動向はやがて，給与水準の抑制とセットのもと，とくに2006年以降の給与構造改革および給与制度の総合的見直しへと引き継がれている。

　以下，2000年以降の人事院勧告について，それぞれの類型別に見てみよう。そうした歴史とともに，2006年以降の事態，とくに民間賃金調査における企業規模基準の引き下げについて，および給与構造改革と給与制度の総合的見直しについて，それらを歴史との関わりのもとでの現状という観点から考察し，第3章への橋渡しとすることにしたい。

① 基本給改定なし勧告（2000,01,04,06,08,12年）と勧告留保（2013年）

　2000年および2001年とも，基本給改定なし勧告であった。官民格差は2000年0.12％，2001年は0.08％であった。この程度の少ない官民格差を基本給ないし諸手当にどう反映させるか，あるいはそもそも反映させないかも含め，人事院の裁量・権限事項であり，人事院は2000年については扶養手当引き上げ，2001年は暫定的一時金払いの措置をもって対処した。

　基本給改定なし勧告は04年，06年，08年，12年と続いた。2004年は月例給の官民比較で0.05％の格差があったが，寒冷地手当の見直し（引き下げ）を行うと0.01％程度になるということで，基本給改定なし勧告となった。06年は0.01％，08年は0.08％でやはり基本給改定なし勧告となった。

　2012, 13年の場合，官民格差が算出された事情はそれ以前と全く異なっていた。2012年4月から2013年3月の2年間，東日本大震災を契機とする給与改定・臨時特例法に基づき，国家公務員賃金は平均7.8％引き下げられた。

　2012年勧告の場合，その減額前の官民格差として算出され，0.07％のマイナス格差であった。基本給改定はなく，50歳台後半層の昇給・昇格見直し

が勧告された。2013年も減額前の官民格差として算出された結果，官民格差は0.02％であった。この年は，勧告自体を留保し，報告だけに留めるという1954年以来の異常な事態となった。

この2012〜13年の2年間について，人事院は実際には減額を考慮した実額比較を行っていた。2012年は7.67％，13年は7.78％の格差だったといわれる。それに基づく勧告は，給与改定・臨時特例法の措置の事実上の否定となり，政府の政策措置との真正面からの対立を意味する。

人事院は，2012年の場合，「給与改定・臨時特例法による給与減額措置が東日本大震災という未曽有の国難に対処するためのものであり，2年間の臨時特例であることを踏まえ」(人事院総裁談話)，その減額前の官民格差に依ったと説明している。そのうえで，2013年は勧告自体を留保し，報告だけに留めた。そうした措置は，政府との対立を回避したものであるが，人事院の行政機関としての独立性と労働基本権制限の代償機能の担保という点からは，大きな疑問を招く対応であった。

② **給与引き下げ勧告（2002,03,05,09,10,11年）**

2002年，人事院は勧告史上初めて，給与引き下げ勧告を行った。すなわち基本給を2.03％引き下げる勧告であった。国公法28条における「百分の五以上増減する必要」という規定のうち，「減」の初めての適用であった。

2003年は1.07％，05年は0.36％，09年は0.22％の引き下げ勧告であった。とりわけ，2009年の場合，人事院は，この年5月に，6月期の期末・勤勉手当を0.2月分減額するという異例の勧告を出し，8月定例の勧告で，基本給の引き下げだけでなく，一時金を4.50月分から4.15月分へと一挙に0.35月分の減額措置を打ち出した。

2009年以降，10年0.19％，11年0.23％と3年連続のマイナス勧告となった。この時期，公務員の人件費削減の声が政府，財界から強まっているなかで，人事院は官民格差がマイナスとなっているとして，基本給引き下げ勧告を行った。

ちなみに，人事院によるアメリカ，イギリス，ドイツおよびフランスという先進4ヵ国の公務員給与決定に関する実態調査によれば，「4ヵ国におい

て過去数十年間，国家公務員の給与水準が引き下げられた例はない[24]」のであり，2000年代，日本の公務員給与引き下げがいかに異例な出来事であるかが分かる。

③ 基本給引き上げ勧告（2007，2014～15年）

2007年は0.35％の引き上げ勧告であった。この勧告は事務次官・本省局長など指定職については実施が見送られ，行政職（一）（二）をはじめ，その他については実施された。

2014年は0.27％，2015年は0.36％の引き上げ勧告であった。いずれも引き上げ幅は僅かであったが，2014年は勧告どおり実施された。なお，2014～15年勧告については，のちの（9）⑤「現状＝給与制度の総合的見直しと2014～15年勧告」（67頁）でもふれることにする。

④ 民間準拠＝企業規模50人以下への下方修正

2006年，これまで1965年以降，企業規模100人以上，事業所規模50人以上という比較基準を採用して民間賃金調査を行ってきたのを改め，企業規模50人以上，事業所規模50人以上に下方修正が行われた。2000年代に入り，年々，強まっている"公務員バッシング"のなかで，この比較基準の引き下げが行われた。

この年，春闘の妥結状況は，厚生労働省調べによれば，5,661円（定昇込み），率で1.79％であった。人事院による官民格差算定は0.01％であったから，企業規模の下方修正が勧告に反映し，基本給改定なし勧告になったのは明らかであろう。

経済成長および春闘との関係でいえば，1965年の企業規模100人以上への基準引き上げは，高度成長という経済状況と物価・賃金の上昇，春闘による賃金決定の意義の増大のもとで，公務員賃金をいかに民間賃金に準拠させるかが政策上および運動上の課題となっていた。その複合作用による上方修正として，企業規模が100人以上に引き上げられたということができる。

---

[24] 人事院『公務員白書』（平成24年版），p.63.

だが，デフレ経済基調下で，物価・賃金はマイナスないし横ばいであり，春闘における相場形成力も弱まっている2000年以降の全体状況の中で，"公務員バッシング"が一段と強まり，そうした諸関係のもとで，企業規模50人以上への引き下げという下方修正が起こっていると考えられる。

⑤ この時期のまとめ

以上，2000年以降の人事院勧告について，いくつかの類型に分けて考察してきた。結論的にいえば，このデフレ経済基調期の16年は，それ以前，とくに1960年以降の人事院勧告とは決定的に異なっている。人事院勧告における給与水準は厳しく抑制されているだけでなく，むしろ給与引き下げが主流であるといっても過言ではない。2006年における民間企業規模の50人以上への引き下げは，その象徴的な表れであった。

それだけではない。2005年勧告で給与構造改革が打ち出され，2006年度以降，段階的に実施された。すなわち，給与水準を厳しく抑制しながら，給与構造改革が行われ，そのうえで，さらに給与制度の総合的見直しが提起されている。その実施問題はもはや歴史ではなく，現状そのものである。第3章への橋渡しとして，その経過と問題点を以下に考察しよう。

（9） 現状―給与構造改革および給与制度の総合的見直しについて

① 能力等級制度導入の提唱

現状，すなわち2006年以降の給与構造改革および給与制度の総合的見直しについて検討する前に，能力・実績を反映した新給与制度の前提としての能力等級制度について簡単に振り返っておこう[25]。

そもそも能力等級制度の導入は，2001年12月，閣議決定された「公務員制度改革大綱」においてオーソライズされた。それによれば，「職務（官職）を通じて現に発揮している職務遂行能力に応じて職員を等級に格付ける能力等級制度を設け，これを人事（任用），給与及び評価の基準として活用する

---

[25] なお，能力等級制度の内容と問題点について，詳しくは，早川征一郎（2003）を参照されたい。

ことにより，トータルシステムとしての人事システムを構築する」ことが，能力等級制度導入の意図にあった。

このように，職務遂行能力に応じた職員の等級への格付け＝能力等級制度の構築は，人事，給与，評価の基準として枢要な基礎に据えられていた。その内容は，民間における職能資格制度，それに基づく職能資格給に対応するものとして構想されていたといえる。

給与制度としては，能力・職責・業績に応じた給与制度，具体的には基本給（能力給），職責手当（職責給），業績手当（業績給），その他の手当からなり，評価制度としては現行の勤務評価制度に代えて，能力評価，業績評価からなる新評価制度の導入，それによる人事，給与制度の構築を意味していた。

② **人事院の基本的態度**

では，そうした公務員制度改革の動向に対する人事院の対応はどうかを次に問題としよう。この場合，人事院の基本的態度は次のように理解できる。

第一に，公務員制度改革の全体の動向について，総論としては賛成しつつ，他方で，それによって独立的な人事行政機関および労働基本権制限の代償措置機関としての人事院権限の縮小に繋がることを警戒しつつ，人事院の果たす役割を強調することにあった。

たとえば，2002年の人事院勧告に際し，「公務員制度改革が向かうべき方向について」と題し，公務員制度改革に対する人事院による異例の全面的意見表明が行われたあと，2003年勧告の際の報告では，「公務員制度改革の具体化に向けて」と題する報告が出されたが，どちらも「公務員制度改革についてはオープンな議論が必要」であり，「これまで公務員制度改革に当たっては，人事院の，国会及び内閣に対する勧告＝意見の申出等の手続を経て行われてきていることに留意することも重要である」（2002年報告）と念を押していた。

さらに，2003年報告における結び＝「内閣との連携」で，次のように述べていることにその立ち位置が表明されていた。「公務員制度においては，公務員人事管理の中立公正性の確保と労働基本権制約の代償機能の確保が基本理念として要請されており，人事院がそのような観点からの企画立案機能

を担う必要がある。一方，内閣は機動的・効率的な行政運営の観点から人事行政についての総合調整機能等を発揮することが期待される。」。

　第二に，能力等級制およびそれに伴う新たな評価制度についてである。この点，2003年報告では，前者は勤務条件そのものであること，後者は勤務条件決定の基礎であり，その評価基準などは職員団体との交渉事項になり得ることを強調し，ともに関係者などの間での「オープンな議論」の必要をアピールしていた。

　第三に，では能力等級制そのものについての人事院の基本的態度はどうであろうか。この点，人事院は真っ向から反対の意を表明してはいないが，しかし全面的に賛同しているとはいえなかったと推測される。

　官職が必要とする能力基準，評価基準など，「これらの基準があいまいのまま能力等級制を導入することは，類似のシステムを導入した民間企業に多くみられるように，むしろ年功的運用が強まるおそれがある」（2003年報告）といった指摘を行い，むしろ消極的と思われる態度であった。

　第四に，そのうえで，では当面，給与制度改革の課題として，どのようなことが喫緊の課題であるかについて，この点はきわめて明瞭であり，2002年報告では，次のように指摘していた。

　「公務員給与制度の見直しに当たっては，年功的運用により硬直的になっているといわれる俸給について，俸給表の級構成や昇給の在り方などを見直すとともに，仕事や役割に応じた給与の新設，在職期間の長期化に対応する措置の導入，勤勉手当の在り方の見直し，地域間の給与配分の在り方などの課題について，早急に検討していく必要がある。」

　この喫緊の課題だとして人事院が指摘した事項は，人事院自らが行い得ることでもあった。そして事実，やがて給与構造改革として現実化した。

③　給与構造改革

　人事院による給与構造改革は，一方で，民間における能力・実績主義的な賃金制度＝職能資格制度に基づく職能資格給を志向した能力等級制とそれに基づく新給与制度へという動きに促迫されつつ，他方，それに対して当面，人事院主導による喫緊の給与制度改革として考えられる課題を実践するとい

う二つの側面があった。

「昭和32年に現在の給与制度が確立して以来，50年振りの大きな改革」（人事院総裁談話）とうたった2005年勧告において，2006年度から段階的に実施するものとして打ち出された主な内容は，次のとおりであった。

a) 俸給表水準4.8％引き下げ
  ・ただし中高年層について7％引き下げとそれによる給与カーヴのフラット化
b) 俸給構造（級・号俸）の再編
  ・行㈠の場合　1,2級の統合，10級の新設（11級→10級制）
  ・査定昇給実施のため，これまでの号俸を4分割に細分化
c) 調整手当を廃止し，地域手当を新設
d) 管理職手当の定額化
e) 査定昇給の実施
f) 一時金への査定幅拡大

これらは，そのねらいにおいて，バラバラではなく，①給与水準を引き下げて，まず原資を捻出し，②年功的な給与上昇の抑制＝勤務実績に応じた査定昇給，③各地域の民間賃金格差を地域手当ということで反映すること，④それらを06年度以降，段階的に実施することなどにあった。

こうした給与構造改革をつうじ，給与水準を抑制するだけでなく，地域間格差がいっそう拡大し，かつ能力・業績反映的要素が強められている。

以上の給与構造改革は，俸給表水準の段階的引き下げなど，2006～10年度の5年間で段階的に実施された。そして，細分化された俸給表による査定昇給，新たな地域手当，一時金の実績査定などをはじめ，この給与構造改革によって導入された内容自体は現在のベースとなって引き継がれている。

④ 能力等級制の挫折と新人事評価制度の導入

ところで，前述の能力等級制度導入の動きは，その後，2007年，国家公務員法の一部改定による職階法の廃止および2008年6月に施行された国家公務員制度改革基本法へと進んでいったが，それ以上には進展せず，その後，国家公務員法改革関連法案が再三にわたり，廃案となるなかで，結局挫折し，

今日に至っている。

　他方，能力等級制を前提とした新評価制度については，とりあえず現行制度の枠内でも実施可能なものを早期に実施に移すという当時の政府方針と人事院自らによる積極的対応[26]もあり，やがて総務省・人事院による課長など対象の第1次試行（2006年）に始まり，全職員を対象としたリハーサル試行（2008年）まで計4回にわたる人事評価の試行が行われた。

　法制度的には2007年，国家公務員法の一部改定によって，人事評価制度等に関する規定が2009年4月から施行されることになった。

　それ故，給与構造改革の実施と新人事評価制度の導入は，この間，実際には切り離せない二つの重要な施策であることを意味していた。

⑤　現状＝給与制度の総合的見直しと2014～15年勧告

　給与構造改革と新人事評価制度の導入後，2012～13年の2年間の臨時措置として国家公務員賃金平均7.8％の引き下げが実施された。

　その2013年，人事院は勧告自体を留保し，報告に留めたが，その報告のなかで，2014年度から給与制度の総合的見直しを行うことを打ち出した。その主な項目は次のとおりである。

　a）　民間の組織形態の変化への対応
　b）　地域間の給与配分の在り方
　c）　世代間の給与配分の在り方
　d）　職務や勤務実績に応じた給与
　　・人事評価の適切な実施と給与への反映
　　・技能・労務関係職種の給与の在り方
　　・諸手当の在り方

　こうした内容のうち，とくに地域間・世代間の給与配分について，2014年勧告では，①行政職（一）の場合，俸給表の水準を2％切り下げ，②地域手当の給地区分・支給割合の見直し，③50歳台後半層の職員が多く在職す

26）　たとえば，すでに2001年，人事院に設けられていた「能力，実績等の評価・活用に関する研究会」の報告で，従来の勤務評定制度に代わる実績評価・能力評価を中核として新たな人事評価制度の導入が提言されていた。

る高位号俸の4%程度引き下げなどが勧告され，これらは2015年4月から実施された。2015年勧告では，地域手当の支給割合をさらに改定し，2016年4月からの実施が予定されている。

　このように，原資の捻出を兼ねて水準を抑えるとともに，地域相場を反映した地域手当支給割合の格差を増大させ，かつ高年齢層の水準抑制などが推進されている。

　能力等級制の導入が実現せず，賃金の職務給原則は保たれているとはいえ，全国斉一な基本給部分を圧縮し，地域手当における格差増大をつうじ，職務給原則の一層の形骸化が進められている。

　以上，人事院勧告の歴史を振り返ってきた。そのうち2000年代は，歴史というよりは，給与構造改革，新人事評価制度の導入，給与制度の総合的見直しなど，現状そのものでもある。そこで，第3章「国家公務員賃金の現状と問題点」および第4章「地方公務員の賃金」において，さらに詳しく考察することにしよう。

第 3 章
国家公務員賃金[1]の現状と問題点

　第 3 章では，国家公務員賃金をめぐる近年の改革動向と，その改革等によってもたらされた公務員賃金制度上の問題点を明らかにする。具体的には，2005（平成 17）年勧告での給与構造改革，2007 年勧告での新たな人事評価制度の導入，2014 年勧告での給与制度の総合的見直し等によって国家公務員賃金制度がどのように変化し，どのような問題を生じさせているかを考察する。

1　給与構造改革と給与制度の総合的見直し

（1）「公務員制度改革大綱」と給与構造改革

　公務員制度改革大綱（以下，改革大綱と呼ぶ）の閣議決定（2001 年 12 月 25 日）から始まる公務員制度改革は，国家公務員制度改革基本法（以下，基本法と呼ぶ）の制定（2008 年 6 月 13 日）を経て，その基本法に基づき国家公務員法等の一部改正法案が三度国会に提出されるも成立には至らず[2]，紆余曲折を繰り返したすえ，2014 年 4 月 18 日，内閣人事局の設置，内閣総理大臣による幹部人事の一元管理，級別定数設定権限の人事院から内閣総理大臣へ

---

1)　用語としての「賃金」と「給与」とを厳密に使い分けるにはそもそも困難が伴うが，本稿では，国家公務員法（国公法）などの法律に関わる場合や，「給与構造改革」のような主に政府・当局側の用語に即して記述する場合は原則として「給与」の語を使い，それら以外については原則として「賃金」の語を使う。
2)　国家公務員法等の一部を改正する法律案（幹部人事の一元管理，内閣官房に内閣人事局の設置等）は，2009 年 3 月 31 日，2010 年 2 月 19 日，2011 年 6 月 3 日にそれぞれ国会に提出されたが，それらの法案はすべて廃案となった。

の移管等を内容とする国家公務員法等の一部を改正する法律を成立させて終了した[3]。

ところで，改革大綱では，国家公務員の賃金制度についても言及し，能力向上と業績達成に対するインセンティブに富んだ賃金処遇を実現するための新たな賃金制度の創設を求めた。

具体的には，職務を通じて実際に発揮している職務遂行能力に応じて職員を等級に格付ける「能力等級制度」の導入を前提にして，現行の俸給月額に代わる基本的な賃金として「基本給（能力給）」を設け，「基本給（能力給）」には，それぞれの等級ごとに，一定の水準を定める「定額部分」と，職員の職務遂行能力の向上に応じて年一回これに加算する「加算部分」を設けるとした。つまり，昇給制度の能力給化である。

また，民間における賞与（ボーナス）に相当する賃金種目として「業績手当（業績給）」を設けるとし，「業績手当（業績給）」では，安定的に支給する「基礎的支給部分」と，勤務実績に応じて支給する「業績反映部分」で構成し，6月と12月に支給するとした。つまり，賞与の業績給化である。

そして，これらの賃金制度をはじめとした新たな人事制度を適切に運用するために，勤務評定制度に代えて，能力評価と業績評価からなる新たな評価制度の導入も求めた。

しかして，公務員制度改革では，「能力等級制度」の導入は実施には至らなかったが，これら改革大綱の要求にも応えるかたちで実施されたのが2005年人事院勧告による給与構造改革であるといえる。以下，改革大綱が求めた新たな賃金制度が，どの様に給与構造改革の中に反映されたかを見てみることとする。

---

3) 国家公務員制度改革を総合的かつ集中的に推進するための組織として「国家公務員制度改革推進本部」が，2008年7月11日に5年を期限に内閣府に設置された。5年の期限が到来した後は，行革推進本部国家公務員制度改革事務局にその事務は引き継がれたが，2014年の国家公務員法等の一部を改正する法律の施行に伴い，国家公務員制度改革事務局は廃止された。

(2) 給与構造改革と人事院の問題意識

人事院は，2005年勧告において，給与構造改革の必要性に関して，地域における公務員賃金水準の見直し，年功的な俸給構造の見直し，勤務実績に基づく処遇等を挙げ，それぞれについて次のように現行制度上の問題点を指摘し，改革の必要性を記述している。

① 地域における公務員賃金水準の見直しの必要性

地域における公務員賃金水準の見直しでは，「国の行政は全国各地で等しく行われていることから，その行政を担う国家公務員の基本的な給与は全国共通の俸給表に基づいて支給されている。現在，国家公務員に適用されている俸給表の水準は，東京都特別区などの高い民間賃金を含んだ全国平均の官民の給与較差に基づいているため，民間賃金の低い地域では公務員給与水準が民間賃金を上回るという状況が生ずることとなっている」ことには問題があるとし，そこで，「全国共通に適用される俸給表を維持する一方で，このような状況を改めるためには，地域ごとの民間賃金水準の格差を踏まえ，地域の民間賃金がより適切に反映されるよう，俸給水準の引き下げを行い，民間賃金水準が高い地域では地域間調整を図るための手当を支給するなどの措置を講ずる必要がある」とした。

② 年功的な俸給構造の見直しの必要性

また，年功的な俸給構造の見直しでは，「現行の俸給表は，上位の職務の級に昇格しないとしても俸給が一定の水準まで到達するよう配慮した号俸設定が行われているため，上下の職務の級の間における水準の重なりが極めて大きな構造となっている。加えて，最高号俸に達した職員も良好な勤務成績を挙げれば特別に最高号俸を超えた俸給月額に決定し得る仕組み（いわゆる「枠外昇給制度」）となっており，年功的な給与上昇を許容するものとなっている」ことには問題があるとし，そこで，「俸給は，生活給の側面も有しているが，基本的には職務・職責に応じたものとして支給されるべきものである（職務給の原則）。そのため，職務の級間の水準の重なりの縮小，最高到達

水準の引き下げによる昇給カーブのフラット化，いわゆる枠外昇給制度の廃止などの措置を講ずる必要がある」とした。

③ 勤務実績に基づく処遇の必要性

勤務実績に基づく処遇に関しては，「現行の特別昇給制度や勤勉手当制度は勤務実績を反映して行うべきものとされているが，成果が数字に現れにくいという公務の特性や，チームワークが重視される職場風土の下で，職員を評価するシステムや技法が十分に定着してこなかった。このため，いわゆる持ち回り的運用の指摘が行われるなど，勤務実績の給与への反映は，十分とはいえない状況にある」ことには問題があるとし，そこで，「これに対しては，新たな人事評価制度を早急に構築していく必要があるが，それまでの間，当面，現行の各府省における給与決定のための勤務成績の判定の運用をより的確に行うことを前提として，新たな人事評価制度における活用も視野に入れつつ，昇給や勤勉手当に関し，成績決定結果を的確に反映し得る給与制度を整備しておく必要がある。また，いわゆる枠外昇給制度の廃止も踏まえ，55才昇給停止措置について見直しを行う必要がある」とした。

（3） 給与構造改革の主な内容

これらの問題意識に基づいて具体化された主な内容は，第一に，俸給表水準の引き下げと地域手当の新設，第二に，勤務実績の賃金への反映の強化である。

① 俸給表水準の引き下げと地域手当の新設

俸給表水準の引き下げと地域手当の新設は，上記の「地域における公務員給与水準の見直し」と「年功的な俸給構造の見直し」の二つの必要性から行われたものである。

俸給表水準の引き下げでは，地域（ブロック）別の官民較差を算出[4]し，

---

[4] 2003年，2004年及び2005年のブロック別官民較差の3年平均値を参考にして俸給表水準を引き下げた。なお，勧告で公表されたデータは2005年のブロック別官民較差だけである。

表3-1 ブロック別官民較差

地域	民間給与	公務員給与	官民給与の較差
全国	380,703円	382,092円	△0.36%
北海道・東北	349,486円	366,830円	△4.73%
関東甲信越	394,758円	394,719円	0.01%
東京都	412,513円	410,283円	0.54%
中部	378,269円	375,515円	0.73%
近畿	377,423円	380,038円	△0.69%
中国・四国	353,903円	369,692円	△4.27%
九州・沖縄	357,437円	373,966円	△4.42%

［出所］ 人事院月報（2005年9月号）。

　その中で官民の賃金差が最も大きい地域（公務員賃金が民間賃金を最も上回っている地域：北海道・東北地域）の較差が4.73％あったとして（表3-1），俸給表水準を平均で4.8％引き下げたうえで，中高齢層職員については，公務員賃金が民間賃金を7％程度上回っているとして，さらに2％程度の引き下げを行った。

　その上で，地域手当の新設では，これまで民間における賃金，物価，生計費が特に高い地域で人事院が指定する地域等に勤務する職員に対して支給していた調整手当[5]を廃止し，新たに地域手当[6]を新設して，民間賃金の高い地域に勤務する職員に対して支給するとした。

② 勤務実績の賃金への反映の強化

　勤務実績の賃金への反映の強化では，勤務成績に基づく昇給制度の導入と，勤勉手当への実績反映の拡大が図られた。

　勤務成績に基づく昇給制度の導入では，勤務成績が特に良好な職員が，普通昇給とは別に，定員の15％の枠内で上位の号俸に昇給することができる

---

[5]「調整手当は，民間における賃金，物価及び生計費が特に高い地域で人事院規則で定めるものに在勤する職員に支給する。」（一般職の職員の給与に関する法律第11条の3）。

[6]「地域手当は，当該地域における民間の賃金を基礎とし，当該地域における物価等を考慮して人事院規則で定める地域に在勤する職員に支給する。」（一般職の職員の給与に関する法律（平成17・法113）第11条の3）。

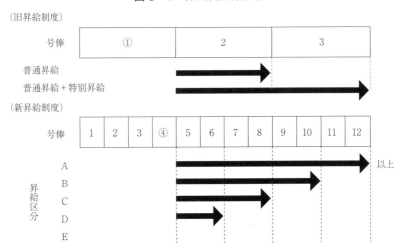

図3-1 新旧昇給制度比較

注：1　①や④は，昇給前の号俸を示す。
　　2　新旧昇給制度は，以下のとおり。
（旧昇給制度）
　　普通昇給・・・1号俸上位の号俸に昇給
　　普通昇給＋特別昇給・・・2号俸上位の号俸に昇給
（新昇給制度）
　　A区分・・・8号俸以上の号俸に昇給
　　B区分・・・6号俸上位の号俸に昇給
　　C区分・・・4号俸上位の号俸に昇給
　　D区分・・・2号俸上位の号俸に昇給
　　E区分・・・昇給せず
［出所］　人事院規則9-8（初任給，昇格，昇給等の基準）に基づき筆者作成。

　特別昇給制度を廃止して，勤務成績が良好な職員全員が上位の号俸に昇給することができる普通昇給制度に一本化するとともに，号俸を4分割した上で昇給の区分を5段階（A～E）設定し，勤務成績に応じて昇給号俸数が異なる，いわば査定昇給の仕組みとした（図3-1）。

　また，勤勉手当への実績反映の拡大では，従来，「優秀」の成績区分の成績率が「80/100以上95/100未満」，「特に優秀」の場合「95/100以上」であったものを，「優秀」の場合「78.5/100以上86/100未満」，「特に優秀」の場合「86/100以上145/100未満」に変更し，「特に優秀」の場合の成績率を大幅に引き上げた。また，「優秀」に該当する割合を職員比25％以上，「特に優秀」に該当する割合を同5％以上とする分布率も新たに設定した（表3-2）。

表 3-2 新旧勤勉手当比較

(給与構造改革前)

一般職員		特定幹部職員	
成績区分	成績率	成績区分	成績率
特に優秀	95/100 以上	特に優秀	120/100 以上
優 秀	80/100 以上 95/100 未満	優 秀	105/100 以上 120/100 未満
良好（標準）	70/100	良好（標準）	90/100
良好未満	70/100 未満	良好未満	90/100 未満

(給与構造改革後)

一般職員			特定幹部職員		
成績区分	成績率	人員分布率	成績区分	成績率	人員分布率
特に優秀	86/100 以上 145/100 未満	5％以上	特に優秀	111/100 以上 185/100 未満	3％以上
優 秀	78.5/100 以上 86/100 未満	25％以上	優 秀	101/100 以上 111/100 未満	25％以上
良好（標準）	71/100		良好（標準）	91/100	
良好未満	71/100 未満		良好未満	91/100 未満	

［出所］　国公労調査時報（2005 年 10 月号）。

　このように，給与構造改革は，人事院独自の問題意識に基づく改革ももちろん含まれてはいるが，改革大綱が求めた能力・業績給化を真正面から受け止めた改革となっているのである。

（4）　給与構造改革に引き続く給与制度の総合的見直し

　給与構造改革に引き続き，2014 年には給与制度の総合的見直し（以下，総合的見直しと呼ぶ）が行われた。人事院は，総合的見直しを行う理由を次のように説明している。

［2014 年　職員の給与等に関する報告（抜粋）］
　第 3　給与制度の総合的見直し
　「給与構造改革の実施により，地域ブロックで見た民間賃金との差が縮小したほか，高齢層における給与水準が一定程度抑制され，また，勤務実績の給与への

反映が推進された。……一方，特に民間賃金の低い地域を中心に，公務員給与が高いのではないか等の指摘が依然として見られる。国家公務員給与については，このような指摘にも留意し，国民の理解が得られるものとなるよう必要な措置を講じていくことが求められる。また，近年，国家公務員給与においては職員の平均年齢が上昇し，職員構成の高年齢化が顕著となってきていること，今後は，公的年金の支給開始年齢の段階的な引き上げに伴い，雇用と年金の接続を図ることが求められていること等を踏まえると，給与カーブの見直し等が必要である。」

つまり，給与構造改革によって，ブロック別に見た官民の賃金較差は縮小し，高齢層職員の賃金も一定抑制したが，特に民間賃金の低い地域からは公務員賃金が高いとの指摘があり，また，今後，雇用と年金の接続を図ることをふまえた場合，高齢層職員の賃金をさらに引き下げる必要があるとして，総合的見直しを行うということである。

このような理由から行われた総合的見直しでは，給与構造改革で行った「地域間の賃金配分の見直し」と「世代間の賃金配分の見直し」をさらに一歩前に進められることになった。

① 地域間の賃金配分の見直し

地域間の賃金配分の見直しでは，給与構造改革の際には，ブロック別官民較差を基に俸給表水準を引き下げたが，ブロック別官民較差には民間賃金の高い政令市等を含んでいることから，それを含まない地域における官民比較によることが妥当であるとした。

具体的には，厚生労働省の賃金構造基本統計調査（以下，賃金センサスと呼ぶ）による都道府県別の所定内賃金の平均額が低い方から4分の1となる12県[7]を一つのグループとして，そこに勤務する国家公務員と民間従業員の賃金較差を算出し，それに基づいて俸給表を引き下げたうえで，それとの見合いで民間賃金が高い地域については地域手当の支給率の引き上げと支給範

---

7) この12県は，青森県，岩手県，秋田県，山形県，鳥取県，島根県，佐賀県，長崎県，大分県，宮崎県，鹿児島県，沖縄県である。

囲の拡大を行うとした。

その結果，12県を一つのグループとして算出した官民較差[8]と全国の官民較差の差が2.18ポイントであったとして，俸給表水準を2％引き下げるとしたうえで，地域手当については，支給率の上限を18％から20％に引き上げるとともに，新たに31市町村[9]を支給地域として指定した。

② 世代間の賃金配分の見直し

世代間の賃金配分の見直しでは，給与構造改革の際に，中高齢層職員については，国家公務員賃金が民間賃金を7％程度上回っていたとして，俸給表水準を平均4.8％引き下げるなかで，俸給表の高位号俸については最大7％の引き下げを行ったが，その後，9年が経過するなかで，在職期間の長期化が進んだことに加え，50歳台後半層で地方の管理職等に昇任する人事慣行があることなどから，50歳台後半層については，国家公務員賃金が民間賃金をなお4％程度上回っていたとして，地域間の賃金配分の見直しにより俸給表水準を平均2％引き下げることに加えて，50歳台後半層の職員が多く在職する高位号俸については最大4％[10]の引き下げを行った。

---

8) 2012年，2013年及び2014年の3年平均値を参考にして俸給表水準を引き下げた。なお，ここでは12県の官民較差は3年分公表している。

9) 6級地指定（俸給，俸給の特別調整額，専門スタッフ職調整手当及び扶養手当の合計額の6％を支給）茨城県：神栖氏，栃木県：下野市，埼玉県：羽生市・比企郡滑川町，愛知県：豊川市・田原市，三重県：亀山市，滋賀県：甲賀市，兵庫県：赤穂市，福岡県：糟屋郡新宮町

　7級地指定（同3％を支給）茨城県：笠間市・鹿嶋市，栃木県：栃木市・真岡市，群馬県：渋川市，千葉県：木更津市・君津市，新潟県：新潟市，山梨県：南アルプス市，長野県：伊那市，岐阜県：各務原市，静岡県：藤枝市，愛知県：常滑市・海部郡飛島村，滋賀県：東近江市，広島県：三原市・東広島市，徳島県：徳島市・鳴門市・阿南市，香川県：坂出市

10) 6級（本省・課長補佐）の最高号俸-4％，5級（本省・課長補佐）及び7級（本省・準課長）の最高号俸-3％，4級（本省・係長）及び8級（本省・準課長）の最高号俸-2.5％，9級及び10級（ともに本省・課長）の最高号俸-2.3％，3級（本省・係長）及び2級（係員）の最高号俸-2％，それぞれ給与を引き下げた。

2 変貌する公務員賃金制度——現行賃金制度の問題点

(1) 職務給の原則は守られているか？

　国家公務員法第62条は，賃金の根本基準を規定した条文であり，「職員の給与は，その官職の職務と責任に応じてこれをなす。」として，職務給の原則を定めている。

　しかし，給与構造改革と総合的見直しによって，この職務給の原則が，果たして守られているのか，大いに疑問を呈せざるを得ない。

　つまり，これまで，現行賃金制度において職務給の原則を具体化するための基本となっているのが俸給であり，また，国家公務員の賃金には，俸給の他に様々な手当があるが，俸給の調整額や俸給の特別調整額，特殊勤務手当等も職務給の原則に従った賃金で，調整手当，扶養手当，寒冷地手当等のように生活給であるものも存在すると解されていた[11]。

　人事院は，給与構造改革において，「現在，国家公務員に適用されている俸給表の水準は，東京都特別区などの高い民間賃金を含んだ全国平均の官民の給与較差に基づいているため，民間賃金の低い地域では公務員給与水準が民間賃金を上回るという状況が生ずることとなっている」ことは問題があるとし，「全国共通に適用される俸給表を維持する一方で，このような状況を改めるためには，地域ごとの民間賃金水準の格差を踏まえ，地域の民間賃金がより適切に反映されるよう，俸給水準の引き下げを行い，民間賃金水準が高い地域では地域間調整を図るための手当を支給するなどの措置を講ずる必要がある」として，ブロック別官民較差を基に俸給表水準を引き下げたうえで，調整手当を廃止し，新たに地域手当を創設して，公務員賃金を地場賃金化の方向に向かわせた。

　また，総合的見直しでは，地域間の賃金配分の見直しにおいて，ブロック別官民較差には民間賃金の高い政令市等を含んでいることから，それを含

---

[11] 鹿児島重治・森園幸男・北村勇編（1988），pp.397-398 を参照されたい。

まない地域における官民比較によることが妥当であるとして，賃金センサスによる都道府県別の所定内賃金の平均額が低い方から4分の1となる12県[12]を一つのグループとして，そこに勤務する国家公務員と民間従業員の賃金較差を算出し，それに基づいて俸給表を引き下げたうえで，民間賃金が高い地域については地域手当の支給率の引き上げと支給範囲の拡大を行い，給与構造改革で行った公務員賃金の地場賃金化の傾向をより強めることとした。

前述のとおり，国家公務員賃金の根本基準は，職務給の原則である。職務給の原則からすれば，本府省，管区機関，都道府県単位機関，出先機関それぞれにおいて，同一役職にある者は同一の賃金を受けるべきであり，勤務する地域によって異なることはあってはならない。「民間賃金の低い地域では公務員給与水準が民間賃金を上回」っていたとしても，「地域の民間賃金がより適切に反映されるよう」にしなければならない根拠は，職務給の原則からは見いだすことはできない。

さらに，地域手当が，当該地域における民間の賃金水準を基礎として支給される手当であるにもかかわらず，「俸給補完の手当」として位置づけられていること[13]も，職務給の原則が，果たして守られているのか，疑問を呈せざるを得ない理由の一つである。

確かに，従前の調整手当も，民間における賃金，物価，生計費が特に高い地域で人事院が指定する地域等に勤務する職員に対して支給する手当であり，主に民間賃金の地域差に着目して調整を行っていたのは事実ではあるが，その調整に当たっては，同一組織内において許容される給与差に配慮して行われていたもの[14]である。そして，何よりも重要なことは，調整手当は生活給的手当として位置づけられていたということである。

これに対して地域手当は，「俸給補完の手当」としての位置づけであり，俸給補完の手当ということであれば，それは職務給の原則に従った手当とい

---

12) この12県は，青森県，岩手県，秋田県，山形県，鳥取県，島根県，佐賀県，長崎県，大分県，宮崎県，鹿児島県，沖縄県である。
13) 森園幸男・大村厚至共著（2008），p.280を参照されたい。
14) 鹿児島重治・森園幸男・北村勇編（1988），p.462を参照されたい。

うことになる。そうであるならば、俸給と地域手当を合わせた賃金が、職務と責任を同じくする同一役職者であっても勤務する地域によって異なることとなるのであって、職務給の原則が、果たして守られているのか、疑問となるのである。

（2） 50歳台後半層の公務員賃金は民間賃金を上回っているか？

給与構造改革でも、また、総合的見直しにおいても、中高齢層職員や50歳台後半層職員の賃金が民間賃金を上回っていることを理由にして、50歳台後半層職員等については、俸給表水準の引き下げを上回る引き下げが行われた。しかし、そのことを示すデータは勧告資料の中には見当たらない。

労働組合が発表している人事院勧告の分析などによれば、その根拠は、人事院が独自に行っている職種別民間給与実態調査に基づく比較ではなく、賃金センサス（企業規模100人以上・製造業・男子）との比較からであるという。

人事院は、勧告に際して、独自に調査を行い、調査では公務と同様な職務を行う従業員に限定して、かつ、役職者については部下数の縛りをかけるなどして厳密に調査したうえで、役職段階、学歴、年齢、勤務地域を同じくする者同士の賃金を比較する精緻なラスパイレス比較を行っているのであるから、そのデータを使って説明すべきである。

しかも、賃金センサスとの具体的比較方法が明らかにされていないことから厳密なことまではいえないが、50歳台後半層について、賃金センサスのデータと一般職の国家公務員の任用状況調査報告の結果からいえることは、民間と公務では人事政策が異なっており、民間企業の多くでは役職定年制を採用しているのに対して、公務では役職定年制を導入していないことから、50歳台後半層の役職段階別構成割合が全くといっていいほどの違いがある。

50歳台後半層の役職段階別構成割合を民間と国家公務員で比較してみると、民間では、部長級10.9％、課長級10.1％、係長・職長級18.0％、非役職61.0％であるのに対し、公務では8割以上（87.8％）の職員が5級以上のポスト（本省・管区機関の課長補佐、都道府県単位機関の課長、地方出先機関の長）を占めている（表3-3）。

このように役職段階別構成割合に大きな違いがあるなかにおいて、年齢に

表 3-3 50歳台後半層職員（55 〜 59歳）の役職段階別構成割合（官民比較）

民間企業

役職段階	人員	構成比
部長級	3,335 人	10.9%
課長級	3,112 人	10.1%
係長・職長級	5,531 人	18.0%
非役職	18,749 人	61.0%
合計	30,727 人	100.0%

国家公務員

役職段階	構成比
9・10級（本省課長）	2.1%
7・8級（本省室長）	13.7%
5・6級（本省課長補佐）	72.0%
3・4級（係長）	11.9%
1・2級（係員）	0.3%
合計	100.0%

［出所］　民間企業は，製造業・男子・企業規模100人以上（平成24年賃金構造基本統計調査（厚生労働省））のデータ，国家公務員は，行政職（一）俸給表適用職員の60歳定年退職時の役職段階構成比（平成19 〜 23年）（一般職の国家公務員の任用状況調査報告（人事院））に基づき筆者作成。

のみ着目して賃金を比較して高い低いを論じること自体に何の意味もない。つまり，民間の非役職者と公務の役職者を比較して，公務が高いから引き下げるといっているに等しいのである。

　50歳台後半層職員の賃金が高いか低いかを論じるのであれば，50歳台後半層職員についてのラスパイレス比較の結果でなければならならない。

　今後も中高齢層の賃金を問題とするのであれば，このことについての明確な説明が必要となる。

（3）　官民比較の調査対象事業所規模は今のままでよいか？
　　　（賃金水準の問題）

　人事院は，公務員の賃金水準を勧告するための基礎資料の一つである民間賃金の状況を職種別民間給与実態調査によって把握しているが，その調査対象事業所規模については，それまで，企業規模100人以上，かつ，事業所規模50人以上としてきたものを，2006年調査から，企業規模50人以上，かつ，事業所規模50人以上に変更して調査を実施している。

　また，調査対象産業に関しては，従来，農業や林業，宿泊業，飲食サービス業等は，官民給与比較の対象としている事務・技術関係職種の従業員が少ないと考えられていたことから調査対象としてこなかったところ，2013年調査から対象に含めることとした。そして，人事院は，これらの変更理由に

ついて，有識者等の意見（調査対象事業所規模については，政府からの要請（閣議決定）），学識経験者による研究会報告，各界有識者による給与懇話会からの意見等を踏まえ，民間賃金をより広く把握し，公務員賃金に反映することが適当と判断したとしている。

しかし，この企業規模100人以上，かつ，事業所規模50人以上の事業所を調査対象としてきたことには一定の根拠がある。つまり，1964年に，3公社5現業に対する公共企業体等労働委員会の仲裁裁定において，新たに，企業規模100人以上の事業所の民間賃金と比較することが妥当であるとする建前が採用され，これが政府により実施に移されたことを受けて，人事院も，それまで企業規模50人以上の事業所における民間賃金との比較を行っていたものを変更してこれを採用し，以来，約40年間，企業規模100人以上，かつ，事業所規模50人以上の事業所を対象としてきたものである。

いずれにしても，民間賃金は，一般に，企業規模に比例した賃金水準となっているとともに，産業によって賃金水準も大きく異なっているのが実情である。調査対象企業規模を低くしたり，調査対象産業にサービス業等を加えたことは，官民較差をマイナス方向に作用させることになることは間違いない。

とりわけ，調査対象企業規模を何人に設定するかについては，置かれた立場や価値観等によっても意見が分かれるところではあるが，賃金は労働条件の中で最も重要なものの一つであり，人材確保にも影響することから，その観点も踏まえ，直接の関係者である労働組合の意見等も聞きつつ，妥当な調査対象企業規模を再検討する必要があるといえる。調査対象企業規模は低ければよいというものではない。

（4） 期末・勤勉手当の官民比較はいまのままでよいか？
（期末・勤勉手当の水準の問題）

期末・勤勉手当については，民間における一時金（いわゆるボーナス）の年間支給月数を算出して，期末・勤勉手当の年間の支給月数との差が0.03月以上ある場合に2捨3入方式により0.05月単位で改定が行われている。

表3-4は，2014年勧告で公表された「民間における特別給の支給状況」

表 3-4　民間における特別給の支給状況

項　目	区　分	事務・技術等従業員	技能・労務等従業員
平均所定内給与月額	下半期（A_1） 上半期（A_2）	383,090 円 385,355 円	283,658 円 286,711 円
特別給の支給額	下半期（B_1） 上半期（B_2）	764,578 円 822,244 円	496,431 円 520,356 円
特別給の支給割合	下半期 $\left(\dfrac{B_1}{A_1}\right)$ 上半期 $\left(\dfrac{B_2}{A_2}\right)$	2.00 月分 2.13 月分	1.75 月分 1.81 月分
年間の平均		4.12 月分	

注：1　下半期とは平成25年8月から平成26年1月まで，上半期とは同年2月から7月までの期間をいう。
　　2　年間の平均は，特別給の支給割合を国家公務員の人員構成に合わせて求めたものである。
［備考］　国家公務員の場合，現行の年間支給月数は，平均で3.95月である。
［出所］　人事院月報（2014年9月号）。

であるが，民間一時金の年間支給月数の算出は，特別給の支給額を平均所定内給与月額で除して月数を算出[15]していることが分かる。

問題は，民間における一時金の月数算出に関して，常時勤務する従業員のすべてを対象にして算出していることから，特別給の支給額の中にも平均所定内給与月額の中にも再雇用者（継続雇用者）の賃金が含まれたものとなっているのに対して，それと比較している公務員の期末・勤勉手当の年間支給月数には再任用職員が含まれていないことである。

現在，期末・勤勉手当の年間支給月数は，職員は4.1月，再任用職員は2.15月であり，民間においてもこの傾向は同様と考えられることから，民間の調査で再雇用者（継続雇用者）を含めるのであれば，公務においても再任用職員を含めた平均月数で比較しなければ，適正な比較とはいえない。

---

[15]　2014年勧告では，民間における特別給の支給月数が4.12月に対し，国家公務員の年間支給月数が3.95月であったことから，2捨3入方式による0.05月単位での改定により，0.15月引き上げることとされ，年間支給月数が4.1月となった。

おわりに

　以上，給与構造改革後の賃金制度の問題点を 4 点にわたって記述した。いずれも重要な問題であり，再考されなければならないと考えるが，とりわけ強調しておきたいのは，職務給原則形骸化への危惧についてである。

　職務給原則は，給与の根本基準の一つとして，戦後の近代的公務員制度の重要な指標の一つである。職務と責任を同じくする同一役職の者が，どこの地域で勤務しても同一の賃金を受けることは大方の納得を得てきたものでもあり，崩してはならない原則である。

　それが今，俸給表水準の引き下げと地域手当の新設によって，国家公務員賃金の地場賃金化の傾向が強まってきていることは紛れもない事実である。そして，この国家公務員賃金の地場賃金化の傾向は，職務給原則の形骸化の問題だけに止まらず，都市部と地方の賃金格差の固定化にもつながりかねない問題でもある。

　俸給表水準を，給与構造改革以前のように全国平均の官民較差に基づいて決定するのか，それとも地場賃金に近づけるように決定するのかは賃金原資の配分の問題でもあり，人事院勧告が労働基本権制約の代償措置である以上，ステークホルダーである公務員労働組合の意見にも十分に耳を傾けて決定されるべきものであるといえる。

3　人事評価の現状と課題[16]

はじめに

　ここでは，2009 年より国家公務員全体に実施されている人事評価制度について，導入までの経緯の概略を確認してから，職場での運用実態について

---

[16]　本稿は，基本的な枠組みにおいて，国公労連第 4 回行政研究交流集会（2013 年 11 月 15 日開催）で報告された「公務員制度」作業部会レポート「人事評価制度が公務職場に及ぼす深刻な影響―人事評価制度の抜本的改善の方向とは―」に基づく。西口想（国公労連書記）の責任において本書に位置づけるため再構成したものである。

国公労連のアンケート結果などをもとに具体的な問題点を検討する。そのうえで，公務の職場にふさわしい人事評価制度のあり方を考察する。

（1）　新人事評価制度導入の背景と政府の動向

①　公務員の「職務」と「評価」

　国家公務員法第62条「職員の給与は，その官職の職務と責任に応じてこれをなす」は，一般に「職務給原則」と呼ばれ，「情勢適応の原則」（第28条），「給与法定主義」（第64条）と並んで，国家公務員賃金の基本原則の一つである。

　「職務と責任に応じて」とは，条文解釈上，「その職務の複雑，困難及び責任の度に基き」（給与法第4条）と同旨であり，すなわち，職務内容の複雑さの程度，難易の程度，責任の軽重を基本として賃金を決定すべきことを意味している[17]。

　この規定は，最初の国公法（1947年）にすでに盛り込まれていたが，これは，戦前の官吏が天皇に対し忠実無定量の勤務を行う義務を負っており，俸給がその生活ないし対面を維持するための恩恵的給付と観念されていたことに対し，戦後の国家公務員制度では，賃金を職員が提供した勤労の対価として位置づけたという点で重要な意義をもつ規定であった。言いかえれば，戦前の官吏制度は厳然たる学歴身分制に基づく，いわば属人給的な身分制賃金だったのに対し，戦後の国公法は職務としての仕事遂行と，その責任義務履行に対する賃金（職務給）へと転換した。人への支払いから職務への支払いへ原則を変えたことは，官吏制度から近代的公務員制度へ転換するための一つの重要な指標であったと考えることができる。

　一方で，国家公務員の「職務給原則」は，よく「形骸化している」「名目だけで実態は年功賃金」などと各方面から指摘される。実際，最初の国公法から2007年改正までは，第62条の2項として，職務給の原則の趣旨ができ

---

[17]　森園幸男・吉田耕三・尾西雅博編（2015）では，「廃止前の旧職階法第三条によれば，『職務』とは，『職員に遂行すべきものとして割り当てられる仕事』であり，『責任』とは，『職員が職務を遂行し，又は職務の遂行を監督する義務』であると定義されていたが，本条においてもこれと同旨と解してよい」（p.478）と解説されている。

るだけ速やかに達成されなければならない旨の規定があり（2007年改正で削除），これはつまり，アメリカ式の「職階制」（官職分類制度）が民主的公務員制度の基礎としてあるべきだとの考えが背景にあった[18]。

　しかし，厳密な官職分類と，その職務＝ポストによってのみ評価を行う職階制は，大臣等の上級管理者の人事・賃金等労務管理についての自由裁量を大幅に規制するため，政府・与党および高級官僚の強い抵抗にあうとともに，戦後間もないうちは，低い水準の俸給表とともに提起されたため官公労働組合からも強い反発を招くなど，具体的実施にあたって多くの困難を伴った。また，官庁機構の命令系統・内部組織構造と，職階制による職務分類が必ずしも一致しないことも問題となった。そのため，職階制の導入までの暫定的・過渡的な措置として，給与法および標準的職務分類が定められ，上意下達の命令系統を基本とした職制系列による賃金決定が今日まで続けられている。

　現在は国公法上でも「職階制」の看板が下ろされているが，職務給原則については以下のように解釈されている。すなわち，「職務給と属人給（年功給，生活給，職能給など）の二つの考えは実務においては必ずしも矛盾するものではなく，職務給原則によるといわれる欧米の賃金体系の下でも，長期勤続を前提とする公務員給与についてみると，年齢や経験に着目した昇給制度や職能に応じた昇格制度が採られている。我が国の現行制度も，職務給を原則としながら経験年数や生計費なども踏まえた俸給カーブが採られている」[19]。ここでは，「職務給」というのはあくまで「原則」であり，現実にはつねに属人給とのバランスがとられることが示されているが，これは戦後の民間企業の労使関係と賃金体系の変遷にも影響を受けてたどりついた，公務の側の

---

[18] 「職階制は，職務と責任をその類似性と相違性に着目し，一定数の職級に評価分類するものであり，同一の職級に分類された官職につく職員に対しては，同一の資格要件が求められ，任用，給与，研修など雇用条件についてもすべて同一の基準が適用されるものと定められている。このため，公務員制度の実際の運営にあたって，大臣その他の管理者による恣意的または政治的意図の介入を排し，国民と公務員に対し，常に平等な機会を保障し，公正な秩序を確保するものとして積極的な意義を与えられていた。」（早川征一郎・松井朗（1979），p.154）

[19] 森園幸男・吉田耕三・尾西雅博編（2015），p.477.

一つの結論であるだろう[20]。

　以下に見ていく，国家公務員に導入された人事評価制度をめぐる議論の混乱や現場の戸惑いの根本には，この「職務給原則」と現実の運用との乖離があり，具体的に「どこまでを職務（給）としてみるか」という境界の定めづらさや，そもそもの定義の曖昧さが存在する。職員に与えられる仕事の質と量が明確になっておらず，各職務の複雑困難度・責任度が客観的に評価・分類されていない以上，「成績主義」による任用や賃金決定をしようにも，採用時は別として，その後の昇給・昇任・昇格については，経験年数以外に客観的な基準が存在しないことになるからである。これは，民間企業における「成果主義賃金」が迷走し，結果として多くの企業で高齢層職員の賃金引き下げの道具にしかならなかったことの背景と，ほぼ共通していると見るべきだろう。

②　「勤務評定」から「人事評価」へ

　新しい人事評価制度が導入される以前，国家公務員の人事管理では「勤務成績の評定」（勤務評定）が行われていた[21]。

　勤務評定は，制度としては強行規定であったものの，その要件が勤務実績の評定ならびに「職員の性格，能力及び適性」の評定とされ，個人の人格に関連する事項にまで立ち入っているうえ，評定結果が職員に非開示とされていたため，客観的で公正な運用がされているかをチェックできない仕組みであった。そのため，評定者の恣意的な評価や情実人事につながるとの懸念が強く，1955年から60年代初頭にかけて，官公労働組合を中心に「評定の基準が客観的合理性を欠き，職員を差別・分断し，組合の団結力を弱めようとする制度」として勤務評定反対闘争が広く行われた（地公にも波及し，とくに日教組は大規模な反対闘争を展開した）。その結果，多くの職場において評

---

20)　民間労使関係における職務給と属人給の関係の変遷については，さしあたり濱口桂一郎（2011）を参照されたい。
21)　2007年改正前の国公法第72条で規定。勤務評定は，「職員の勤務における実績を正しく評価し，その結果を人事上の諸措置に的確に反映することにより，公務能率の増進を図ることを目的としていた。」（森園幸男・吉田耕三・尾西雅博編（2015），p.565）

価結果に差がつくことを避ける運用が行われるなど，勤務評定の実施は高度成長期を通じて長く形骸化した状態が続いた[22]。

1990年代，とくにバブル経済崩壊以降，民間企業でこれまでの「日本的経営」への自信喪失が広がる。その特徴だった年功賃金制度や終身雇用制度を縮小させる動きが進む一方，年俸制をはじめとする成果主義賃金の導入が一つのブームとなり，目標管理制度，コンピテンシー評価制度などの結果（成果）を賃金制度に反映する新たな人事制度が急速に普及した。これらの主要な目的の一つが人件費の削減だったので，非正規雇用の拡大等ともあいまって推進された。

公務においてもこうした動向が反映し，1997年の「行政改革会議最終報告」が新たな人事評価制度の確立を図ることを提起した[23]。

また，同年に設置された「公務員制度調査会」も，1999年の「基本答申」の中で国公法の定めるメリット・システム[24]の維持を前提に，能力・実績に応じた昇進・給与を支える人事評価システムを整備することを提起した。

そして，中央省庁再編（2001年1月）を控えた時期，これらの再編を「器の改革」と呼び，以降は「中身の改革」が必要との論調が強まり，大胆な行政改革，公務員制度改革が政府内外から唱えられた。その具体化は，「行政改革大綱」（2000年12月，閣議決定）として取りまとめられ，「信賞必罰の人事制度の実現」「年功的人事制度から能力・実績主義の人事制度へ」等が掲げられた。さらに，翌年12月に閣議決定された「公務員制度改革大綱」では，職階制に替えて能力等級制度の創設を前提に，能力評価と実績評価からなる新人事評価制度の導入が決定された。

他方，人事院からも2001年の「能力，実績等の評価・活用に関する研究会」最終報告で，従来の勤務評定制度に替わる，実績評価・能力評価を中核

---

22) そもそも勤務評定は，昇給・昇格に直接からめた規定となっていなかったが，特定の労働組合差別があった省庁では，勤務評定結果によって組合員を昇給させないというネガティブな使われ方が見られた。
23) 同報告は，主に中央省庁の再編と内閣機能の強化を提起しているが，その中で「評価機能の強化」に言及している。
24) スポイルズ・システム（猟官制）に対比する意味での成績主義。

とした新たな人事評価システムの導入が提起された。

③ 人事評価制度導入に向けた試行と法整備

こうした経緯を経て，政府は「今後の行政改革の方針」（2004年，閣議決定）で，「行政改革大綱」等の実行を念頭に，「（人事評価制度の導入に向けた）改革関連法案の提出を検討する」「現行制度の枠内でも実施可能なものについては早期に実行に移す」とした。その際，政府が検討を進めた新人事評価制度は，2005年度中に本府省を対象とした評価の試行に着手するなど段階的な取組を進めることが決められた。

これを受けて，総務省・人事院は，第1次試行（2006年）から全職員を対象としたリハーサル試行（2008年）まで計4回にわたる人事評価の試行を行った。

法整備の面では2007年4月，政府は新人事評価制度の構築などによる能力・実績主義の徹底と再就職に関する規制の見直しを中心とする「国家公務員法改正法案」を国会に提出した。この改正は，ついに完成しなかった「職階制」に替え，新たに「標準職務遂行能力」の基準を定め，1年ないし半年を単位に職員の「能力」や「実績（業績）」を評価し，その結果を「昇任」「昇格」「昇給」「勤勉手当（勤勉率）」「分限処分」にまで広く活用することにより，「能力・実績主義」に基づく人事管理を推し進めようとするものである。

この法案は，安倍内閣（第一次）によって同年6月30日に成立した。この法律の成立により，人事評価制度等に係る規定は2009年4月1日から施行された。

（2） 人事評価制度の概要

① 人事評価制度の法的枠組み

2007年改正国公法で定められた人事評価制度の法的枠組みは以下のようなものである。

　人事管理の原則（第27条2）
　　職員の採用後の任用，給与その他の人事管理は，職員の採用年次及び合格した

採用試験の種類にとらわれてはならず，第58条3項[25]に規定する場合を除くほか，人事評価に基づいて適切に行わなければならない。

標準職務遂行能力（第33条，第58条）
係員，係長，課長補佐，課長等の職制上の段階の標準的な官職の職務を遂行する上で発揮することが求められる能力として，内閣総理大臣は「標準職務遂行能力」を定める。職員の昇任等の際には，任命しようとする官職に必要な標準職務遂行能力及び適性を有するかどうかを人事評価に基づいて判断する。

採用昇任等基本方針（第54条）
内閣総理大臣は，公務の能率的な運営を確保する観点から，職員の採用，昇任，降任及び転任に関する制度の適切かつ効果的な運用を確保するための基本的な方針（「採用昇任等基本方針」）の案を作成し，閣議の決定を求めなければならない。各任命権者は，本基本方針に沿って職員の任用を行わなければならない。

人事評価の定義と実施（第18条2，第70条の2・3）
人事評価は，任用，給与，分限その他の人事管理の基礎とするために，職員がその職務を遂行するに当たり発揮した能力及び挙げた業績を把握した上で行われる勤務成績の評価である。また，職員の人事評価は公正に行われなければならず，職員の執務については，所属庁の長は定期的に人事評価を行わなければならない。

② **人事評価の方法**
国公法第70条3の2に「人事評価の基準及び方法に関する事項その他人事評価に関し必要な事項は，人事院の意見を聴いて，政令で定める」とある通り，具体的な運用方法は政令レベルで定められ，より詳細な手順については，所管官庁である内閣人事局及び人事院が『人事評価マニュアル』[26]を作

---

[25] 国公法第58条3項は，国際機関又は民間企業に派遣されていた等の事情により人事評価が行われていない職員の昇任・降任・転任について規定している。
[26] 『人事評価マニュアル』はインターネット上で公開されている。http://www.cas.go.jp/jp/gaiyou/jimu/jinjikyoku/files/jinjihyouka_manual.pdf

成している。以下，政令及び『人事評価マニュアル』に沿って人事評価の方法を見ていく。

・**人事評価の種類**

人事評価の方法としては，能力評価と業績評価の2つを定めている。

〈能力評価〉

職員がその職務を遂行するに当たり発揮した能力を把握したうえで行われる勤務成績の評価。「標準職務遂行能力」[27]に照らし，職員が実際に職務上とった行動がこれに該当するかどうかを評価する。一般の職員は5段階評価（S/A/B/C/D），局部長級は3段階評価，事務次官級は2段階評価。評価期間は，毎年10月1日〜翌年9月30日。

〈業績評価〉

職員がその職務を遂行するに当たり挙げた業績を把握したうえで行われる勤務成績の評価。職員が果たすべき役割を「目標」として期首に設定した上で，その果たした程度を評価する。一般の職員は5段階評価（S/A/B/C/D），局部長級は3段階評価，事務次官級は2段階評価。評価期間は，毎年10月1日〜翌年3月31日及び4月1日〜9月30日。

・**対象者**

被評価者—評価者—調整者—実施権者（所属庁の長又はその指定した部内の上級の職員）が人事評価制度の実施対象者となる。また，評価・調整自体は行えないが，評価者・調整者を補助するものとしてそれぞれに補助者をおくことができる。非常勤職員及び臨時的任用職員は実施除外者となる。

---

[27] 『人事評価マニュアル』は，本府省の係員の「標準職務遂行能力」の例として，以下の4項目を挙げている。「[倫理] ①国民全体の奉仕者として，責任を持って業務に取り組むとともに，服務規律を遵守し，公正に職務を遂行することができる。[知識・技術] ②業務に必要な知識・技術を習得することができる。[コミュニケーション] ③上司・同僚等と円滑かつ適切なコミュニケーションをとることができる。[業務遂行] ④意欲的に業務に取り組むことができる。」

・人事評価のプロセス

能力評価（年1回）と業績評価（年2回）を行うこととし，その手続きは，期首面談，被評価者による自己申告，評価者による評価，調整者による調整，実施権者による確認，期末面談（評価結果の開示）を経ることとされる。

・特別評価

条件付任用期間（条件付採用期間及び条件付昇任期間）中の職員に対して，当該条件付採用又は条件付昇任を正式なものとするか否かについての判断のために行う人事評価であり，条件付任用期間を評価期間とし，能力評価のみを行うこととされる。

・苦情への対応

苦情相談（苦情相談員に対する相談）と苦情処理（苦情処理機関による審査）が用意されている。

・人事評価の人事管理への活用

能力評価及び業績評価を職員の処遇（昇任，昇給，昇格，勤勉手当，降格，降号，免職，降任），人材育成に活用することとされる。具体的には，たとえば昇任の場合，本省室長級以下への昇任の際は，直近2回の能力評価のうち，少なくとも1回が「S」または「A」である必要がある。「D」の場合は分限の契機となるとされる。また昇給と勤勉手当の場合は，上位評価（S/A）を得た者の中で，昇給（5％：極めて良好＝8号俸以上，20％：特に良好＝6号俸)[28]，勤勉手当（5〜10％：特に優秀＝成績率145/100以下86/100以上，25％以上：優秀＝成績率86/100未満78.5/100以上)[29] の各枠内で上位区分を決定する。

---

[28] 55歳未満一般職員の場合。
[29] 特定幹部職員以外の一般職員の場合。

（3） 人事評価制度の運用実態と問題点

　国公労連は，2009年4月から本格的にスタートした人事評価制度の問題点を検証するため，2010年3月及び2012年5月に人事評価に関するアンケートを実施した（以下，「10年アンケート」「12年アンケート」と呼ぶ）[30]。なお，10年アンケートは，評価者・被評価者・調整者ごとに設問が分けられ，制度の運用について全般的に聞く形式だったが，12年アンケートでは，立場の別なく，共通の設問で想定される具体的な問題点が列記され，各項目があてはまるかどうかを聞く形式にアンケートの性格が大きく変わっている。

　以下，この2つのアンケート結果から，人事評価の運用実態と問題点について見ていきたい。

①　期首・期末面談をどう受け止めているか

　能力評価はおもに期末時に，業績評価は期首・期末時に，評価者と被評価者が「面談」を行い，評価期間中の振り返りが行われる。評価者及び被評価者は，この面談をどのように受け止めているのだろうか。

　人事評価制度の所管庁であった総務省が2013年当時に行ったアンケート[31]では，「期首面談（業績評価）についてどのように受け止めているか」（複数回答）という被評価者への設問で，「目標及び求められる行動等について，上司と認識を共有でき有益」（58.4％），「組織の業務遂行に関する課題を報告する機会となり有益」（31.1％），「自分の能力向上の観点から，有益」（20.0％）など，面談に伴うコミュニケーションに対しておおむね高い評価が認められる。この傾向は期末面談についても同様であった。

　しかし，労働組合が取り組んだアンケート結果からは，総務省のアンケー

---

[30]　10年アンケートは5省庁から10,778人分集約し（内訳は，被評価者9,637人，評価者991人，調整者150人），12年アンケートは5省庁から5,174人分集約した（被評価者，評価者等の区別はなし）。10年アンケート結果は公式な報告書の形で公表されていないが，12年アンケート結果については『国公労調査時報』2012年11月号を参照。

[31]　『人事評価に関する検討会報告書』別紙3「職員向けアンケート」　http://www.cas.go.jp/jp/gaiyou/jimu/jinjikyoku/files/000277655.pdf

ト結果とはかなり違った様相が見てとれる。

　たとえば，国公労連の10年アンケートでは，面談について「十分納得いく話し合いができたか」と尋ねているが，評価者・被評価者ともに「できなかった」「面談が未実施」という回答がつねに2～3割にのぼっている。

　「十分納得のいく話し合いができなかった」と回答した者に複数回答で理由を尋ねると，「評価者としての知識・経験不足」（評価者で期首63.1％，期末49.4％），「面接時間が十分に取れない」（被評価者で期首31.5％，期末45.5％）などが指摘された。また，期末面談時に「助言・指導を行わなかった（あるいは受けなかった）」との回答は，評価者で20.7％，被評価者で39.5％にのぼっている。

　12年アンケートでも，評価者について「人材育成の観点がほとんどない」が27.8％，「評価が主眼で日常の指導，助言，援助がない」が23.1％にのぼるなど，人材育成の視点に欠けた運用が明らかになっている。さらに，「面接をしない評価者がいる」（7.5％），「評価結果について評価者が説明できない」（8.1％）といった杜撰きわまりない運用まで指摘されている。

　ちなみに，『人事評価マニュアル』では，人事評価の目的として「能力・実績主義の人事管理を行う基礎」とともに「人材育成・組織パフォーマンスの向上」を挙げたうえで，期末面談では「人材育成の観点からきめ細かな指導・助言を行う」ことが指示されている。

②　不適切な目標設定の横行

　業績評価では，評価期間内における業務の「目標」やその困難度・重要度を期首面談時に設定し，評価期間終了後の期末面談ではそれらの結果について振り返り評価を行うことになっている。

　一方，能力評価では，あらかじめ示されている評価項目に定める行動がとれたかどうかについて評価することになっているが，評価項目に定める行動は，組織目標あるいは個人目標の達成と表裏一体であり，いずれの評価においても目標設定のあり方が重要となる。

　業績評価の目標設定の仕方について，『人事評価マニュアル』は留意すべきポイントとして，①組織目標との整合性，②職位にふさわしいか，③でき

る限り具体的に，④チーム目標の達成への貢献のしかた，⑤ルーティン業務については重点事項などに着目，としている。

ここでは①と③に着目し，こうした留意事項が運用段階でどのような実態となって現れているかを見ておきたい。

・目標の強要（コンセンサスの不成立）
　前記①の「組織目標との整合性」については，昨今の政治主導の広がりに伴って，組織目標の決定は，本府省のみならず地方支分部局においてもトップダウンで行われる傾向が強まっており，目標設定に関わり一方的な「押し付け感」が広がっている。

　行政運営の実態をよく知る評価者及び被評価者が面談のなかでよく話し合い，行政の目的と役割を確認しながら，もっとも相応しい目標を設定していくことが望まれるが，納得性の乏しい目標が一方的に押し付けられる事例が広く認められる。アンケートでも，個人の目標設定について，期首面談時に面談者（1次評価者）が実施業務の記載を「指導」として強要したうえに，評価期間中に当該業務の一方的な打ち切りを命じた例が報告されている。しかもこのケースでは，期末面談時に業務目標が未達成として低位の評価を受け，勤勉手当の区分や昇給区分も低位となったという。

・目標の数値化・定量化の弊害
　前記③の「できる限り具体的に」という点では，定量化になじむ目標が重視されることとなり，本来業務がおろそかにされるなどの問題点が多くの職場から指摘されている。

　10年アンケートでは，「目標設定が適切でなかった」との回答が評価者で22％，被評価者で21.9％となっている。その理由としては，評価者・被評価者とも「業務の特性（ルーティン業務，窓口業務）から目標が立てにくい」がトップ（評価者57.8％，被評価者37.1％）で，「業務が短期的な目標になじまない」が2位（評価者37.2％，被評価者23.1％）となっており，公務職場に数値目標等がなじむのかという疑問を投げかけている。

　また，12年アンケートでは，制度の基本設計についての問題点（複数回

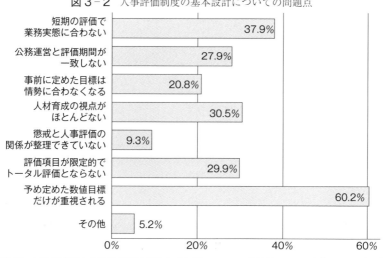

図3-2 人事評価制度の基本設計についての問題点

[出所] 国公労連調査政策部「「国公労連人事評価アンケート」結果について」『国公労調査時報』2012年11月号, No.599。

答）を尋ねているが，「本来求められる仕事は何なのかという視点を失い，予め定めた数値目標だけが重視される」を選んだ回答者が60.2％にものぼる（図3-2）。自由記入意見のなかにも，「上司が判断しやすい目標設定が求められる」（国土交通省・管区機関），「数値目標が前面にだされる」（総務省・管区機関），「数値で表せない目標は不適切とされる」（法務省・地方出先機関）などの意見が目立ち，実際の運用において評価者が数値目標に拘泥し，各業務の真の目標が共有されていない実態が垣間見える。

なお，先のアンケート結果を子細に見ると，目標の定量化について評価者と被評価者の受け止めに微妙な違いがあることに気づく。

評価を行う側は，数値化・定量化することが評価を安定させる基礎と考えており，また上位の評価者からの評価を意識することで短期間での成果を求める傾向につながっていると見ることができる。

この結果を，「国民にとっての行政の役割」という観点から考えてみたい。

公務は，国民のくらしや権利，安心・安全を守ることが大きな使命であり，多様化する国民のニーズへの対応など，その社会的役割は広範・多岐にわたり，かつ流動的である。さらに私企業のように（社会貢献やCSR活動を除け

図3-3 人事評価制度の公務運営への影響

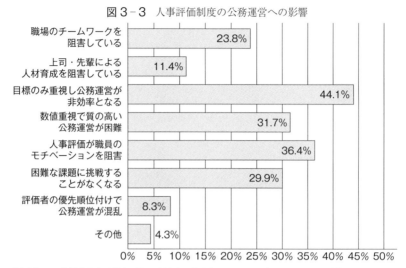

［出所］ 国公労連調査政策部「「国公労連人事評価アンケート」結果について」『国公労調査時報』2012年11月号，No.599。

ば）収益を組織目標としていないため，目標設定においても時間や期間に関わる定量化が難しく，抽象的なものとならざるを得ない。

この点を無視した目標の数値化・定量化は，行政本来の目標を見えにくくし，「数値目標さえクリアすればよい」「国民への対応や同僚との協力よりも自身の目標達成を」といった意識が醸成されていく危険性がある。

12年アンケートでも，「目標のみ重視し公務運営が非効率となる」（44.1％），「数値重視で質の高い公務運営が困難」（31.7％），「困難な課題に挑戦することがなくなる」（29.9％）といった多くの声があがっていることは見逃せない（図3-3）。

あわせて，図3-2で見たように，「短期の評価で業務実態に合わない」（37.9％），「評価項目が限定的でトータル評価とならない」（29.9％），「事前に定めた目標は情勢に合わなくなる」（20.8％）等の指摘があり，短期（1年ないし半年）を単位とした「目標管理方式」そのものが，実際の行政運営と齟齬をきたしている実態が垣間見える。

・目標としてふさわしくない項目の設定

　目標設定に関わっては，実は数値化・定量化の弊害以前の問題も指摘されている。そもそもこんな項目が目標たり得るのか，という指摘である。

　たとえば，評価者のなかには，超過勤務縮減やコスト削減を意識しすぎるあまり，部下（一般職員）に対し超過勤務の削減を目標として掲げるよう求め，勤務実態を無視したまま超過勤務時間数を抑えるよう圧力をかける者がいる。人事評価制度を悪用したサービス残業（不払残業）の押しつけである。

　また，節電の数値目標（たとえば，「使用電力量の1割削減」）を掲げさせられる職員も少なくない。その結果，冷暖房をほとんど使用しない職場も現れ，来庁者が体調を崩すなどの事態にまで及んでいる。

　もとより，コスト意識を持つことは必要であるが，それが特定の職員の主要な業務目標として掲げられるべきなのだろうか。天候・気象条件に大きく左右される事項が目標として掲げられ，その結果で賃金の上げ下げまで決まってくるというのでは，あまりに運任せの人事評価と言えないだろうか。

　目標設定については，公務・公共サービスを担う行政組織としてふさわしい内容とすべきであるし中長期を視野に人材育成・能力開発に活用するというのであれば，こうした不適切な目標設定は排除されるべきだろう。

③　人事評価とパワーハラスメント

　12年アンケートの「評価者について」の回答には，「パワーハラスメント的な対応を行う者がいる」に6.4％の回答があった。

　人事評価制度は，日々の相対や面談を通じた対話のなかで，職員の能力開発や人材育成を図ることを主たる目的の一つとしている。しかし，賃金を上げ下げするという評価者が有する強大な権限や面談の密室性などが，職場における各ハラスメントに結びつく危険性はつねにある。

　実際，職場からは，評価者（管理者）による「付き合いが悪いと人事評価にも影響するぞ」「人事評価があることを忘れるな」などの発言が報告されている。また，ある公務職場では，業務の進め方に関わって上司に法令違反を指摘したところ，「それなら業績目標は未達成でいいな」と暗に法令違反を強いられたとの報告もある。

評価者としての自覚はもとより，評価を通じたハラスメントを起こすことがないよう組織的な点検と職場からの監視が必要である。さらに，評価者・被評価者の対等な関係性の確立を考えれば，評価者の評価に対する被評価者による評価など，双方向評価の可能性も考慮すべきと考える。

④ 公正・客観的な評価は可能か

労働者は，誰でも自分の仕事や成果が正しく評価されることを望んでおり，この点について大きな異論はないだろう。ならば，公正・客観的な評価はどうしたら可能であり，その条件とはどういったものになるだろうか。

・評価結果の開示と苦情処理の実効性

人事評価は，どのような使われ方をするにしても，公正であることが必要である。公正であることを，「公平でかたよりがない」という一般的な意味で考えれば，誰と誰との関係，何と何との関係において，公平でかたよりがないかという相対的な関係によってそれが決定される。

人事評価の公正さが相対的な関係によって成り立つということを前提として，評価する者と評価される者との関係から，公正さが担保されているかを考えると，まず，両者のもつ情報の非対称性を解消する意味からも，被評価者への評価結果の開示が必要となろう。人事評価制度が人材育成にも活用されるツールと位置づけられている以上，評価結果の開示は必須とも言える。

しかし，10年アンケートによれば，実際の運用において約半数強の者にしか評価結果が開示されてない。さらに，少数ではあるが，開示を希望した者にも結果が開示されていない事例も存在しており，運用上，重大な問題と指摘せざるを得ない[32]。少なくとも評価結果は全面的に開示すべきである。

---

[32] 総務省アンケート（2013年）では，評価結果の開示を受けなかった被評価者が能力評価で32.2％，業績評価で32.3％おり，「開示を希望しなかった」者以外の「規定上，評価結果の開示をしないこととされていた」者が能力評価で5.9％，業績評価で5.8％いた。

加えて，評価結果に対する不服申し立て制度として，「苦情相談制度」と「苦情処理制度」がそれぞれ設けられているが，国公労連・総務省双方のアンケート結果からは，評価結果に不満を抱いた被評価者の比率と比べて，これらの制度を利用したという事例は極めて少数であることがわかる。これを人事評価と対になった制度として機能させるには，実態に即した公正・中立な判断が可能となるよう労働組合の関与を積極的に認めるなど，運用の改善が必要である。また，苦情処理制度を利用したことによる不利益な取り扱いを明確に禁止することも必要である。

・公正・客観的な評価に必要な条件

行政の第一線においては，職員が実施する業務内容は個々に違っている。したがって，個々に求められる職務上の行動も千差万別であり，一律の基準を設けることは事実上不可能と言わざるを得ず，それをあえて一般化した政令の文言のみによって評価していることが，能力評価の公正さに対する不信を生じさせている。

さらに「国民の視点に立った行政課題への対応」や「行政ニーズ」を前提に評価されるのであれば，国民からの評価の要否についても検討されるべきであろう。

一方，業績評価は，「職務遂行に当たり実際に挙げた業績を評価」として，「果たすべき役割を目標」の達成度を基に評価するとしている。しかし，能力評価と同様に，個々の職員によって業務内容が大きく異なるにもかかわらず，他の業務に従事する職員の目標と自らの目標が同じ価値を持つことについて，納得性を持って説明することは困難である。客観的な評価に見える数値評価の尺度の設定そのものに，評価者あるいは実施権者の恣意的な意図が入ることも否定できない。

数値評価によることが客観性を担保し得ないのであれば，そのバイアスを修正するため，多数者による評価も次善の策として検討すべきと考える。

・事実上の相対評価であることの問題

人事評価制度の仕組みは，短期の評価結果を職員一人ひとりの賃金等の労

働条件に直接反映させるものとなっている。

　第1次評価者による評価そのものは絶対評価により実施されるが，評価結果の賃金等への活用にあたっては，上位の評価結果である職員から優先的に，あらかじめ分布率が定められた上位の昇給区分に決定されることになる[33]。短期の評価結果を賃金等へ直接反映させる運用は，わずかな評価結果の差が著しい賃金格差を生じさせかねない。上位の評価であったにもかかわらず昇給区分では標準と決定されることもあり，個々のモチベーションにも影響を与えることになる[34]。

　また，こうした事実上の相対評価が行われることから，結果を気にするあまり，休暇取得等の権利行使を控えたり，サービス残業を容認するなどの要因ともなりかねず，労働強化を強いる競争につながらないよう，制度・運用上の工夫が不可欠である。

・人材育成とチームワークへの影響

　人事評価制度は，あくまでも個人を評価することを基本とし，その結果を賃金等に直接反映させることとしている。しかし，その評価が事実上の相対評価である以上，民間企業における能力・成果主義の導入による問題として指摘されたことと同様，技術・経験の継承がおろそかにされ，職員同士のチームワークが阻害されることにつながりかねない。12年アンケート結果から同様の危惧が読み取れる（図3-3）。

　人事評価制度によって人材育成を図るためには，上司（評価者）が個々の職員との日常的なコミュニケーションを通じて，多角的かつ中長期的な視点

---

33) そのため，管理者が評価結果と処遇への反映との乖離を避けようとし，あらかじめ昇給や勤勉手当の分布率を意識した評価を行っているとの報告が国公労連に寄せられているが，それは仕組み上，当然予想される事態である。
34) 人事院は，2013年の「人事院報告」のなかで，人事評価結果の賃金への反映について，「下位の評語が付与されたものは必ず下位の昇給区分に決定されているが，現在はそれが少数となっている」ことに触れ，「下位の評語の付与を含め実情に即した適切な人事評価を行うことが肝要」とする一方で，「特に優秀な者の昇給の効果が標準者の2倍と大きく，結果としてチームで職務を遂行する環境に必ずしもなじまない」との問題意識を示した。

で業務に対するアドバイスや改善すべき点などを日常的にフィードバックしていくことが重要である。

しかしながら、実際の運用は、どうしても目の前の目標の達成度合などに評価の重点を置きがちになり、繰り返し短期的な評価を行うプロセスばかりに労力が取られ、人材育成の視点が欠如してしまう傾向がある。

また、部下（被評価者）の側も、評価として加点されやすい目の前の目標達成にばかり力点が置かれ、本来遂行すべき目標以外の通常業務がおざなりになってしまうなど、中長期的な視点で自己の成長イメージを描くことを阻害する要因となっている。

人事評価は、業務上の成果ばかりにとらわれることなく、職員の日々の業務をつぶさに見たうえで、業務遂行や目標達成に向けたプロセス、努力等にも着目し、つねに人材育成の視点を持ちながら行っていくことが重要である。そのような観点から見た場合、現行の人事評価制度には問題が多い。

（4） 解決すべき人事評価制度上の課題

① 評価者と被評価者の納得性

国公労連が実施したアンケートからも明らかなように、人事評価制度への不信・不満はきわめて大きい。

とくに、「評価者ごとに評価基準が統一されておらず、恣意的な運用が排除できない」「異なる業務を統一的な評価基準で評価することが困難」「短期（1年ないし半年）評価が行政運営の実情に適さない」など、制度の根幹に関わる問題点がほとんど解決されていないことが、評価者、被評価者の納得性が低い原因である。

この点に関して、自らも国家公務員として経済産業省に勤務した経験を持つ中野剛志氏は、次のように指摘する。

「成果主義の最大の虚妄は、人間の能力を客観的指標によって的確に測定するという誤った信念にある。その虚妄がもたらす弊害は、企業経営以上に、行政組織においてひどくなるだろう。なぜなら、企業の目的が営利にある以上、企業人の業績は、生産性、売上、利潤率などで、正確ではないにせよ一定程度は表現し得るかもしれないが、営利目的ではない公務員の業績はそれ

すら不可能だからである。」[35]

　そもそも行政には，業績を数値化することが困難な職務や，個人の能力を測定することが困難な職務が多く，また短期で結果が見える業務はむしろ少ない。にもかかわらず，それを一人の評価者が短期間で評価しようとすれば，評価の客観性に対し被評価者の不信感が募るのは当然である。

　また，一人の評価者の評価が絶対視されるなら，上司（評価者）の顔色ばかりうかがう公務員が増殖し，全体の奉仕者としての姿勢は失われ，公正な行政運営が脅かされることになる。

　もっとも，現行制度のなかにも，こうした評価者の「バイアス」を是正する措置がないわけではない。調整者の役割発揮である。しかし，評価者にとって困難なことが調整者にとって容易であるはずもなく，加えて，実際の調整者の多くが，個々の職員の行動を日常的に把握する立場になく，「自己の把握する事実」[36]がほとんど無いため（実際，顔と名前すら一致していないことが多い），調整の仕組みは「虚構」というほかない。

　したがって，公務における人事評価制度は，「業績を数値化することが困難な職務」「個人の能力を測定することが困難な職務」が多いことを前提とし，被評価者を「一人の評価者」が「短期間（6ヵ月又は1年）」で評価を行う仕組み自体の見直しが必要である。

②　人材育成とモチベーションの問題

　人事評価制度は，その目的の1つに人材育成を掲げているが，逆に人材育成を困難にしていることが指摘されている。

　12年アンケートでも「困難な課題に挑戦することがなくなる」「上司・先輩による人材育成を阻害している」との回答が少なくなかったが，そればかりか，「高評価を得るため，あらかじめ低い目標を設定していくことが得策」といった，およそ能力向上とは無縁の「ノウハウ」の広がりを指摘する声もある。このような事態の広がりも，現行の人事評価制度が，「長期間」

---

[35]　中野剛志（2012），p.53.
[36]　『人事評価マニュアル』は，調整者の「調整の観点」として，「自己の把握する事実と評価者の評価とが大きく食い違っていないか」などを挙げている。

でなく「短期間」で，かつ業務の「プロセス」でなく「数値結果」を主として評価することに由来する。

　公務における人材育成も，民間と同様，長期的な視点が不可欠であり，必ずしも短期間で成果が認められなくとも，困難な分野や課題に挑戦し続け，上司もそのプロセスに着目しながら，多様な支援・アドバイスを施していくことが重要である。真の意味で業績や能力を上げようとするなら，長期的な視野に立ち，成果に至るプロセスを重視しなければならない。

　さらに言えば，現行の人事評価制度は，金銭的なインセンティブに訴えることで労働意欲（モチベーション）を高め，能力の発揮を促そうとする仕組みである。つまり，賃金の上げ下げを意識させれば懸命に働くだろうという発想で公務員賃金について観念しているが，それは本当に公務員の人事管理として妥当だろうか。たとえば，次のような指摘に深くうなずく公務員労働者は多いのではないか。

　「給与は，それが積極的な"やる気"をもたらすというよりも，むしろ不足しているときや不公平なときに不満をもたらす性質のものなのである。したがって，個人の仕事の分担や責任が不明確なままで成果主義を取り入れるのは，やはりメリットよりデメリットが大きいといえよう。」[37]

　「『お金持ちになりたい』『他人より裕福な暮らしをしたい』という動機で公務員になり，働いている人は少ないはずである（まったくいないわけではないが）。いわゆる『経済人（ホモ・エコノミカス）』ではないのだ。このことからも，公務員に対する成果主義の導入は，それが不満や不公平感をもたらすことはあっても，積極的に動機づける効果をあまり期待できないことがわかる。」[38]

③　チームワークの後退と組織力の低下

　現行の人事評価制度は，いわゆる目標管理制度（業績評価）を採用しており，組織目標よりも個人目標を重視した評価が行われている。

　しかし，一定の目的を持った組織が成果を上げるには，組織（チーム）を

37）　太田肇（2011），p.33.
38）　太田肇（2011），p.64.

構成する各人がそれぞれの専門性を生かしつつも，互いに信頼し，協力し合うことが不可欠であり，とりわけ連年の定員削減により脆弱な業務運営体制となっている公務職場ではなおのことである。個人の業績に直接結び付かなくても，部下を育てる，他者をサポートする，一人のミスを全員でカバーするといった献身的な行為なくして，組織力量の向上は成し得ない。チームの全員で獲得した成果について，各人の寄与分を計測し定量化しようとすれば，それ自体が不協和音となってチームワークの後退につながりかねない。

　この点について当局は，人事評価制度は絶対評価であるから競い合いの弊害は少ないとの説明を行っているが，昇給等への反映において評価結果の「順位付け」を行っているのであるから，事実上，相対評価と変わりがないことはすでに指摘した。個人目標を重視する人事評価制度の弊害に目を向け，これを見直すことが急務である。

④　目標定量化がもたらす行政運営の変質

　現行の人事評価制度が採用する目標管理制度は，その目標設定と業績評価にあたって，結果としての数値を重視した運用が行われている。そこには，一応の理由がある。定量化することで客観的な評価を行い，主観的評価（恣意性）を排除しようというわけである。

　しかし，これまで見たとおり，行政実務の成果の多くは定量化が難しく，逆に表面的な数値のみを切り出して評価するなら，行政本来の目標を見失ったり，数値では表せない質的な面での努力を怠ることになり，行政運営は歪んだ非効率なものに変質してしまう。

　さらに言うなら，行政分野において，「質」の伴わない「量」は，本来の意味での成果にはあたらないと言うべきであろう。たとえば，労働行政の施策を通じて，質の劣化した雇用の数をいくら増やしても，労働者の生活の安定，経済社会の活性化には結びつかず，むしろ，貧困の広がりと社会不安の増大を招くことになる。労働行政には本来，求職者一人ひとりの適性や能力に合致し，雇用の安定と適切な労働条件が確保された就職（雇用）を増やすことが求められる。「質より量」の姿勢がもたらす弊害は，むしろ公務において甚大と言うべきである。

それにもかかわらず，職員の多くが「量」を追い求めた行政運営を進めるなら，行政本来の目的は放擲され，国民不在の行政運営となる危険が大きい。数値・件数ばかりを追い求める姿勢を正す見地から，人事評価制度の見直しが求められている。

（5）　むすび　あるべき人事評価制度―基本的考え方―

①　「長期」「複数」評価を基本とし，納得性を高める

人事評価の納得性を高めるには，複数の評価者（上司）が一人の被評価者を一定長期間にわたって重層的かつ多角的に評価することを基本とすべきである。

そもそも，評価期間内に結果が出ない業務は目標設定自体が意味をなさなかったが，これによって，被評価者も中・長期的な視野で高い目標を掲げることができ，困難な課題に挑戦することを躊躇する理由もなくなる。「国家百年の計」を意識した行政運営も可能になろう。

また，複数の評価者が評価を行えば，特定の上司の目ばかりを気にすることなく，「全体の奉仕者」として公正・中立な立場で行政が掲げる目的に向かって努力を傾注できる。

現行の人事評価制度では，苦情処理制度の機能不全も指摘されているが，納得性が高まるなら苦情そのものが減り，コストの削減にもつながる。

なお，被評価者を上司だけではなく，同僚，部下からも評価する，いわゆる360度評価の導入を求める声もあり，①パワハラにつながる関係性の排除，②評価に必要な多様な視点の確保等の点から，有益であると考えられる。仕組み作りにむけて積極的な議論や研究が必要であろう。

②　内発的動機付けと人材育成を重視する

前述のとおり，現行の人事評価制度は，賃金を上げ下げすることで労働意欲（モチベーション）を高めることができるという発想に基づいているが，そのことがかえって労働意欲を減退させている。

人事評価の結果を賃金の上げ下げに直接反映する仕組みを廃し，「内発的動機付け」を高めていく新しい人事評価制度を確立する必要がある。

太田肇（2011）は，臨床心理学者のF・ハーズバーグの調査を紹介しながら，労働者に満足をもたらす要因には「達成」「承認」「仕事そのもの」などがあり，不満をもたらす要因には「給与」「上司との人間関係」「作業環境」などがあると指摘する。しかも，公務員の場合，成果を定量化することが難しいという事情が加わるため，「『他人の目標より自分の目標の方が難しいのに達成率だけで評価されるのは不公平だ』というような不満は常について回る」[39]とも指摘する。

　したがって，新しい人事評価制度は，公務員労働者が何によってモチベーションを高めているかという現実に即し，「いい仕事をしたい」「能力を向上させたい」等の内発的動機づけを重視し，人事評価の結果は，人材育成（能力開発）と適材適所の任用（人事異動）に活かす仕組みとすべきである。

　同時に，所属する行政機関とその中で各人が担うべき役割やその意義を不断に確認していくことが重要である。そのため，上司・部下，管理職員と一般職員のコミュニケーション（面談等）を重視した運用を図るべきである。

③　チームワークと組織力の向上を重視する

　現行の人事評価制度は，職場のチームワークの維持を難しくし，組織力の低下をもたらしており，その克服が急がれる。

　実際の行政運営では，組織の総合力をいかに発揮するかが重要であり，「部下に恵まれていない」「決裁者の能力が低い」などと文句を言っている余裕はない。組織がチームとして機能し，互いの信頼と協力によって欠点や弱点をリカバーする視点が重要である。

　その際，重要となるのが，上司・部下，同僚同士の多様なコミュニケーション（面談等）であり，こうしたアプローチが，業務の「結果」ではなく「プロセス」へのコミットを可能にし，人材育成にも効果が期待でき，ひいては業績向上にも結びつく。

　また，人事評価制度が事実上の相対評価となっていることが組織力の後退に結びついているので，絶対評価であることを徹底し，全員が高評価となり

---

[39]　太田肇（2011），p.34.

得ることも認め，かつ，それを追求すべきである。その意味で，あらかじめ一定の「分布率」を示すなどの運用は排除されるべきである。同様の観点から，短期の評価を「順位付け」することも評価の信頼性の低さとも相俟って意義に乏しく，とくに行う必要がない。

　また，現行の能力評価項目[40]はいずれも抽象的な項目ばかりで，恣意性をまったく排除できないとの指摘も多い。そもそも，多種多様な公務員の職務をたった一つの「能力評価シート」で評価していること自体，精緻な能力評価をはじめから放棄しているに等しい。空港の航空管制官に求められる能力と法務局の登記官に求められる能力は同じなのだろうか。労働基準監督官に求められる能力と外交官に求められる能力は同じなのだろうか。人材育成に役立つ能力評価を実施しようとするなら，各官職，職務に応じた能力評価シートを一つひとつ作成することから始めなければならない。

④　行政本来の「目標」を重視する

　個人の業績目標，とりわけ数値化された目標を追い求める行動様式の広がりが，幅広い行政分野で深刻な弊害となって現れている。複雑で予測のできない業務は，目標として数値化できないために取り組むこと自体が避けられ，数字であらわせるような業務しかしなくなる。このことが，結果的に，公正かつ効率的な行政運営を阻害する。

　たとえば，労働基準監督官の臨検を考えた場合，何件の事業場を臨検したかよりも，そこでどのような指導を行ったかが何より重要となる。中身のない臨検は，効果がないばかりか，事業主に「現状にお墨付きが得られた」との誤解を与え，将来にわたって禍根を残す。件数至上の行政運営は，行政本来の目的を違えてしまう危険がある。

　もとより，行政運営にあたって明確な目標を設定し，それを実現するための計画を樹立・達成することは重要であり，これをおろそかにすべきではない。しかし，こうした目標を個人ごとの「数値化された目標」に還元してしまうことは弊害が大きい（実際，個人の目標を足し合わせても，行政本来の目

---

[40]　人事評価記録書の様式や評価項目については，『人事評価マニュアル』を参照のこと。

標と似ても似つかない)。行政機関がめざすべき目標を共有することを優先すべきであり，それは「真の成果とは何か」をつねに意識することにもつながる。そして，行政が直面する課題は日々刻々と変化するため，日常不断に優先課題を確認・共有するための場を構築することも必要である。

　国公法第1条は，その制定目的を「国民に対し，公務の民主的且つ能率的な運営を保障すること」と規定している。国公法改正により定められた国家公務員の人事評価制度においても，つねにこの目的が貫かれなければならないことは明白である。しかし，現行の人事評価制度は，すでに示したように「政治主導」のもと導入され，しかも「公務員は働かない」「公務員は年功賃金制」といった偏見や事実誤認に基づいて制度設計をされたため，公務の実情に照らして欠陥が多く，職場で混乱を生じさせている。

　国民にとって重要なのは，公務の職場が民主的に運営され，最大限効率よく公務・公共サービスが提供されることである。真に公正な人事評価制度を構築する必要性も，そこにあることを忘れてはならない。そのためにも，公務の実情を熟知する労使が共同して見直しに着手する必要がある。

4　非正規国家公務員の現状と賃金

　正規採用の常勤の公務員と非正規採用の非常勤の公務員は，一方で，全体の奉仕者である公務員としての諸々の服務義務では「平等」が要求されるが，他方で，非常勤の公務員の身分の不安定さ，常勤の公務員と比べた処遇の格差などの「不平等」が長年，厳然として存在し続けている。

　近年，こうした非正規の公務員については，民間における非正規雇用労働者の増大，ワーキングプア（働く貧困層）の増大になぞらえて，"官製ワーキングプア"という呼び方が定着するまでに至っている。

　以下，非正規問題の由来と現状，雇い止めなど任用（雇用）上の問題，そして賃金問題を中心に考察することにしよう[41]。

(1) 歴史的経緯＝厳しい定員抑制とその継続

まず歴史的由来の始まりは，レッドパージの意味を併せもった1949（昭和24）年の定員法制定にある。定員法に基づく大量行政整理の結果，公務員の数は厳しく抑制された。この結果，"常勤的非常勤職員"と呼ばれる非正規の公務員が創出され，年々，累積されていった。

この定員法と非常勤職員の累積の関係について，浅井清・初代人事院総裁はかつて次のように述べている。

「［定員法が］制定されて以来，同法による公務員（常勤職員）の定員のわくは，……はなはだ厳格に守られたのみならず，行政整理の声とともに，定員減少の方向にこそあれ，その増加は望むべくもなかった。その結果，二つの抜け道ができて，同法の固い壁を破りはじめた。つまり常勤職員の不足を非常勤職員で補充しようとするためである。

その一つは，非常勤職員の一部が，暫次常勤職員の領域に進出して，常勤職員の勤務形態をとり始め，『常勤的非常勤職員』という，その語自体すでに矛盾するような公務員が生じたことである。[42]」

この定員法はその後，1969（昭和44）年の総定員法および行政機関職員定員令へと引き継がれた。さらに総定員法の施行と相まって実施された常勤職員の定員削減計画は，今日もなお連綿と続けられている。

そうした厳しい定員抑制とその継続によって，常勤職員の人数は抑えられ，職場における要員不足は常態化した。非常勤職員制度は，厳しい定員抑制政策の歴史的産物であった。

---

41) この第3章4は，他の個所と異なり，非正規国家公務員の賃金問題だけに特化せず，そもそも非正規公務員問題が産み出された由来と現状，任用（雇用）問題など全般的な問題を摘出し，その中に賃金問題を位置づけて考察するという問題設定を行っている。なお，第3章4は，早川征一郎「非正規国家公務員をめぐる問題─歴史，現状と課題」（国公労連『KOKKO』創刊号，2015年9月号）に基づき，それを要約したものである。

42) 浅井清（1970），p.57。第二の抜け道は，「2カ月以内の期間を定めて雇用される」"常勤労務者"制度が，定員の枠外にあったため，これを活用することにあった。その後，1958年度以降，定員化された。

表3-5 職名別非常勤職員数

職　名	平成26年7月1日現在	
	職員数	百分比（％）
事務補助職員	22,360	15.84
技術補助職員	1,232	0.87
技能職員	1,978	1.40
労務職員	499	0.35
医療職員	4,412	3.13
教育職員	352	0.25
専門職員	3,359	2.38
統計調査職員	7,069	5.01
観測監視等職員	1,111	0.79
委員顧問参与等職員	22,909	16.23
その他の職員	75,858	53.75
合計	141,139	100.00

注：1　百分比は，小数点以下第3位で四捨五入した。
　　2　その他の職員（平成26年7月1日現在）の主なものは，保護司（47,920人），職業相談員等（22,090人），水門等操作員（4,341人）である。
［出所］　内閣官房内閣人事局『一般職国家公務員在職状況統計表』（平成26年7月1日現在）による。

（2）　高い非正規職員への依存度

　現在，一般職の常勤の国家公務員約24万人に対し，非常勤の国家公務員は約14万人いる[43]。表3-5職名別非常勤職員数は，その非常勤職員について，職名別の内訳を示したものである。

　非常勤の国家公務員のうち，委員顧問参与等職員および法務省に特有な保護司[44]を除くと，約7万人となる[45]。そのうちの大部分，すなわち事務補助・技術補助・技能・労務職員，医療・教育・専門職員あるいは厚生労働省

---

43)　以下，内閣官房内閣人事局『一般職国家公務員在職状況統計表』（平成26年7月1日現在）による。
44)　保護司法に基づき，更生保護にあたる保護司は，「その他の職員」に含まれる。その人数は47,920人である。
45)　委員顧問参与等職員および保護司は，原則として，本来は，その仕事内容において，いずれも常勤の国家公務員とは重複しないものとして，ここではひとまず除外して考えることにしよう。

に特有な職業相談員等は，常勤の国家公務員と仕事内容が重なっている。

　そうした非常勤職員を雇用形態別に見ると，期間業務職員とその他の職員に区分される。期間業務職員制度は，2010（平成22）年10月，1949年の定員法施行の翌年に設けられた日日雇用職員制度が廃止され，それに代わって導入された。

　この期間業務職員は，2014（平成26）年7月1日現在，約3万人（29,952人）いる。うち事務補助職員が8,641人で29％，約3割を占める。省庁別では，国土交通省（3,857人）が断然多く，ついで法務省（684人），厚生労働省（603人），内閣府（558人），財務省（411人）の順となる。そのほか，事務補助職員以外で特記すべきは，厚生労働省のうちハローワークの職業相談員等を主に約1万7千人の期間業務職員がいる。

　主として「定型的な業務を行う職務」と定義されている行政職俸給表（一）1級適用の常勤職員数（10,014人）と比較すると，事務補助の期間業務職員数（8,641人）は，実にその86％にあたる。国土交通省の行（一）1級適用職員数は1,722人であるから事務補助職員である期間業務職員数はその2.2倍を超える人数となる。

　厚生労働省では，行（一）1級だけでなく2級適用[46]の職員数を加えた常勤職員数4,144人に対し，事務補助職員および職業相談員等の期間業務職員数（17,769人）は実に4.3倍に達する。"ハローワークは非正規職員の働きで維持されている"と言われるのも，この比率からうなずける。

　この2つの省は，非常勤職員数の比率が際立って多い省であるが，省庁別に偏在があるとはいえ，全体として非常勤職員への依存度はきわめて高いということがいえる。

　そうした期間業務職員の性別内訳は，政府統計では明らかではないが，地方公務員についてのこれまでの自治労調査や国公労連の非正規職員アンケートなどから推測すると，ざっと男性2割，女性8割と推測され，圧倒的に女性が多いのは間違いないであろう。

---

[46] 行（一）2級は，「主任の職務」ないし「特に高度の知識又は経験を必要とする業務を行う職務」である。

別に言いかえれば，日常のルーティンな業務（とくに定型的業務）の遂行に不可欠な存在であるのが，類似官職に常勤職員がいる場合の非常勤職員とりわけ期間業務職員である。その人たちの働きを抜きにして，国の日常的な行政事務の遂行はおぼつかない。厳しい定員抑制ひいては職場における要員不足と非常勤職員への業務の依存度とは高い相関関係にある。

（3） 不安定な雇用保障

期間業務職員である非常勤職員の場合，まず問題なのは，その雇用の不安定さである。「相当の期間任用される職員を就けるべき官職以外の官職である非常勤官職であって，一会計年度内に限って，臨時に置かれる官職に就けるために任用される[47]」のが本来の建前である。だが，本来の建前と違って，実際に就いている官職の仕事は臨時的ではなく継続している場合がほとんどである故，ここに任用更新＝勤務の継続の問題が発生する。その場合は，「連続2回を限度とするよう務める[48]」とされている。このことから，3年という「雇い止め」の問題が発生する。

期間業務職員制度が導入される以前の日日雇用職員制度の場合，「非常勤職員の定員化の防止について」（1961.2.28）という「閣議決定」によって，任用は一会計年度の範囲内に留め，任用更新を認めないとしたため，実際上，継続任用を行う便法として「任用中断期間」を設けつつ，同一人物の任用を継続することが慣行化された。

2010年10月に導入された期間業務職員制度の場合，もはや「任用中断期間」設定の必要はなくなったが，3年という期限での「雇い止め」問題が発生した。その実態はどうか。

たとえば，他の省庁よりも期間業務職員である事務補助職員が断トツに多い国土交通省では，期間業務職員の一律3年「雇い止め」が行われている。

また，ハローワークなどで働く職業相談員等の期間業務職員が約1万7千人もいる厚生労働省では，一律3年の「雇い止め」は行われていないが，更

---

[47] 人事院規則8-2，とくに第4条第13項。
[48] 前記人事院規則に基づく「期間業務職員の適切な採用について」（平22.8.10, 人企972）。

新3回目での公開公募は厳格に実施されており，その実施過程で「雇い止め」に至るケースが多々，発生している[49]。そのほかの省庁では，正確な実態は明らかではないが，おおむね3年の「雇い止め」の運用がされているといわれる。

そうした「雇い止め」は，そもそも当該業務が「臨時に置かれる官職」に担われる業務ではなく，実は継続的な業務であるからこそ問題が発生しているのであって，「連続2回を限度とする」を機械的に適用し，「雇い止め」を行えば済む次元の問題ではないはずである。その肝心の問題解決をなおざりにしていることこそが，そもそも問われる根本問題である。

では，そうした不安定な雇用保障のもとで働いている場合の賃金はどうか。

(4) 低位な賃金水準

実は，賃金の実態を知ることができる政府統計自体が存在しない[50]。そのことは注記にゆずるとして，賃金決定の仕組みは，①決定権限は，「予算の範囲内で」，各庁の長にあること，②賃金の決定基準は，「常勤職員との権衡」に依ること，③基本となる給与は，類似の職務に従事する常勤職員の属する級の初号俸を基礎に，職務内容，勤務する地域および職務経験を考慮して決定すること，④一定の勤務要件を満たす非常勤職員には，期末手当に相当する給与を支給することなどが規定されている[51]。

では，実際の支給水準はどうか。表3-6は，法務省の事務補助職員につ

---

49) たとえば，国公一般（国家公務員一般労働組合）のブログである『すくらむ』の以下の号を参照されたい。
http://amebro.jp/kokkoippan/entry-11485147659.html
http://amebro.jp/kokkoippan/entry-11778165267.html
50) なぜ政府統計が存在しないかの理由はいろいろあるが，根本的には，非常勤職員の賃金は，予算制度上では「庁費」すなわち備品費，消耗品費，被服費，通信運搬費などと同列の「庁費」（物件費）のうち，「賃金」から支出されているという意味で「物」扱いであること，また厚生労働省の職業相談員等の場合は「委嘱」の形式をとり，「賃金」ではなく，「謝金」であることなどが挙げられる。
　　この点，詳しくは早川征一郎・松尾孝一著『国・地方自治体の非正規職員』（旬報社，2012年），p.74を参照されたい。
51) 一般職の職員の給与に関する法律」（昭和25.4.3,法95）第22条およびそれに基づく人事院のいわゆる「給与指針」（給実甲第1064号，2008年8月26日付）による。

表3－6　法務省・事務補助職員（窓口整理要員等）賃金最低式（2010年度：243日）

行（一）1級1号俸月額×1.06%（地域手当）×12月÷38.75時間（7.75h×5）÷52週

時給×（6時間×5日）×52週÷12月

※期末手当
月給×125/100 又は 150/100（期別支給割合）×80/100（在職期間割合）（四捨五入）

	時給	日給	通勤手当（日額）	日給	月給	期末手当（6月期）	期末手当（12月期）	期末手当	年間支給額
見直し試算 （行（一）1級1号俸÷7.75×6） （一般職の期末手当支給率）	地域手当含む 856	6時間勤務 5,136	15キロ1か月定期 366	日額＋通勤手当 5,502	111,280	1.25月 111,280	1.50月 133,536	244,816	243日 1,580,176

行（一）1級1号俸　135,600
地域手当　6%

［出所］法務省資料。
引用者注：1) この算定式には、通勤手当の算定積算資料および社会保険料（厚生年金、雇用保険）の官員担部分および官員担のみの児童手当拠出金の算定積算資料と金額も記入されている。そのうち、社会保険料および児童手当拠出金は、本人に支払われるものではないため省略した。
2) 地域手当は5級（6%）として算定されているが、勤務地により可変的である。

表3-7 厚生労働省・ハローワーク非常勤職員賃金例（2013年度）

部　門	勤務日数	勤務時間	日　額	（月額換算）
ハローワーク各部門（職業紹介・雇用保険・専門援助・事業所部門等）	月20日勤務	7時間15分～7時間30分	7,700円～13,170円	154,000円～263,400円

［出所］　全労働資料。
注：上記額面は支払実績ではなく予算上の単価である。

いての法務省部内資料である。地域手当を含む時給856円（地域手当を除くと808円）は，2010年の地域最賃との比較では，地域手当を含めれば高位の東京821円，神奈川818円を上回る。結局，地域最賃はどうにか上回るが，公務員初任給水準と同じか，あるいは経歴換算でそれをやや上回るかといった水準である。年間では，期末手当を含め約158万円であり，200万円にはとうてい達しない水準である。表3-7は，厚生労働省・ハローワーク非常勤職員の賃金例である。経歴換算の関係で，法務省の事務補助職員（窓口整理要員等）よりは高めだが，年収では200万から300万円程度である。

その他の諸手当のうち，扶養手当，住宅手当，寒冷地手当は支給されない。これら諸手当を除外しなければならない正当な理由は，非常勤職員は単身自活者か，あるいは被扶養者に限るとでもしないかぎり，とくにないと思われる。なお，退職手当は一定の支給要件を満たす場合は支給される。

こうして見ると，基本賃金の低さが際立っている。実態的には，「臨時に置かれる官職に就けるために任用される」のではなく，恒常的継続的な業務を担う官職への任用であることを考慮すれば，基本賃金を引き上げ，かつ任用期間中の一定の昇給措置があって然るべきであろう。

有期雇用であり，しかも職務給原則だから昇給はないとする考え方は，この場合，妥当ではない。職務給原則は，経験・勤続による職務のグレードアップを内包する原則であり，一つの賃金率に固定するという概念ではない。有期雇用であっても，業務に継続性がある場合，経験・勤続による職務のグレードアップに対応した賃金上昇＝昇給はあって然るべきである。

（5）　非正規職員問題解決のための諸課題

以上，非正規職員問題について，歴史と現状の問題点の一端を指摘してき

た。では,そうした非正規職員問題解決の課題はどのように考えるべきか。以下,箇条書き的に記すことにしよう。

　第一に,厳しい定員抑制,少ない要員配置こそが根本問題であること,この点,いくら強調しても,しすぎることはない。業務遂行に支障のない適正な要因配置を目指すとともに,総体としての公務員定員抑制の見直しが必要である。臨時的一時的な業務を非常勤職員でまかなうことは避けられないとしても,恒常的継続的な業務を非常勤職員でまかなうことが日常化しているのは,そもそも異常である。

　第二に,非常勤職員の思い切った本務化措置である。上記の定員の見直し,要員措置が,いわゆる定員化措置だとすれば,現在,働いている非常勤職員の本務化が必要である。この点,かつて高度成長期の1960年代,相当な定員化・本務化措置が行われたことが想起されるのであり,決して机上の政策課題ではない[52]。

　第三に,「雇い止め」の問題である。少なくとも恒常的継続的な業務を非常勤職員が担い,その業務を問題なく遂行している場合,3年任期の一律「雇い止め」は,あまりにも機械的に過ぎる。しかも,その業務について,さらに公開募集などで他の人を補充し,継続する場合がほとんどであるとすれば,その場合,「雇い止め」があたかも自己目的であるかのようになってしまい,「雇い止め」自体の正当性が失われる。その点に鑑み,少なくとも本人の意に反する「雇い止め」は,極力,解消することが望ましい。

　ここで,先に述べた二つの課題＝定員化・本務化措置と第三の課題＝「雇い止め」問題の解決との関係について言えば,継続的な業務には,それに見合った定員・要員の配置を行うという本来あるべき措置が行われていれば,原理的には「雇い止め」問題は発生する余地がないはずである。定員化・本務化という根本的な政策課題を実現することによって,「雇い止め」問題の解消は実現可能なのである。この点を再度,強調しておきたい。

　第四に,賃金・労働諸条件など処遇の改善である。とりわけ,基本賃金である。地域最賃は上回るが,ほぼ初任給水準のまま,1年を超えて業務を継

---

[52] この点,詳しくは,早川征一郎・松尾孝一（2012）,とくに第1章を参照されたい。

続しても据え置かれるのは「常勤職員との権衡」の原則からしても合理性を欠いている。勤続・経験を積むことによる職務のグレードアップとそれに応じた賃金上昇＝昇給という考え方は，常勤の場合だけでなく，非常勤の場合にもあって然るべきであり，それをかたくなに排除する理由は本来ないはずである。別に，諸手当とくに住宅手当，扶養手当，寒冷地手当などの不支給は，単身自活者，被扶養者を任用（採用）の前提としているのでないかぎり，やはり合理性を欠いている。

　総じていえば，正規，非正規を問わない均等処遇およびジェンダー平等の原則に則り，賃金・労働諸条件など処遇の一層の改善が必要である。とくに定員化・本務化などの政策的課題は，それを目指す大きな運動の広がりと高揚のなかでこそ達成可能な課題であることを強調しておこう。

第4章
地方公務員の賃金

1 本章の課題

　本章では地方公務員[1]の賃金[2]の問題を扱う。本章の主たる課題は、日本の地方公務員の賃金決定の仕組みと近年のその変容について考察することである。そして、近年のその変容がどのような問題をはらんでいるのかについても検討していく。

　具体的には、まず日本の地方公務員の賃金決定システムがどのようなものであるかについて、国家公務員や民間労働者との比較を視野に入れながら、その法制度的特徴を明らかにする。その上で、公務員制度改革が進むなかで地方公務員の賃金決定システムが近年どのように変容してきているか、その変容はどのような問題をはらんでいるのか、について考察していく。また、その変容のなかで、地方自治体の労使関係が賃金決定をめぐってどのような動きを見せているのかについても叙述する。

　なお、本章では、地方公務員の賃金決定システムとその変容、問題点につ

---

[1] 本章での「地方公務員」とは、地方自治体の正規職員、特に非現業一般職の職員を指すものとし、非正規職員については基本的に範囲外とする（ただし非正規職員の賃金問題については本章第6節で言及する）。地方自治体の非正規職員の問題全般については、賃金労働条件等も含め、早川・松尾（2012）で詳論しているので、ぜひとも参照されたい。

[2] 用語としての「賃金」と「給与」とを厳密に使い分けるのにはそもそも困難が伴うが、本章では、地方公務員法（地公法）などの法律に関わる場合や、「給与構造改革」のような主に政府・当局側の用語に則して記述する場合は原則として「給与」の語を使い、それら以外については原則として「賃金」の語を使う。

いて，公務員給与関係法令などの制度面，公務員制度改革のなかでの給与構造改革という政府の政策面，そして賃金決定システムに関する労使関係や制度運用といった実態面，このそれぞれに目配りをしながら叙述することとしたい。

2 地方公務員の賃金決定制度

（1）給与・手当の決定に関する法制度の概要

最初に，地方公務員の賃金決定に関する法制度について概説しておこう。常勤の地方公務員（非現業一般職）の給与・手当の決定に関する法制度の主要なものは以下のとおりである[3]。

地方公務員の給与に関しては，まず地方自治法において包括的な規定がある。すなわち，同法第204条1項において，地方自治体は，常勤の職員並びに短時間勤務職員に対して給料及び旅費を支給しなければならない旨が規定されている。第204条2項においては，前項の職員への手当の支給ができる旨が規定されている。また第204条3項では，「給料，手当及び旅費の額並びにその支給方法は，条例でこれを定めなければならない」とあり，さらに第204条の2では，「いかなる給与その他の給付も法律又はこれに基づく条例に基づかずには」支給できないとあり，これらが地方自治法における給与法定・条例主義の根拠となっている。

また，地方公務員法（地公法）では，まず地方公務員の給与決定の一般的原則として，第13条において「平等取扱の原則」が，第14条において「情勢適応の原則」が定められている。「平等取扱の原則」は，公務員においても「人種，信条，性別，社会的身分若しくは門地」等の属性に応じて差別されてはならないことを定めた一般的規定である。「情勢適応の原則」は，公

---

[3] なお，非常勤の地方公務員への報酬の支給については，地方自治法第203条の2に規定がある。だが同条では手当の支給に関する規定がなく（常勤職員への手当支給については同第204条2項で規定），これが非常勤の地方公務員への手当支給の壁となっている。この点については，本章第6節や早川・松尾（2012）第4章も参照のこと。

務員の労働条件（「勤務条件」）は，社会経済の一般的情勢に適応するように定められなければならず，かつそのための必要な措置が講じられなければならないという原則である。ちなみに，この原則によって人事院や人事委員会の勧告による官民給与格差の是正措置が講じられてきたのであるが，同時にその原則が公務員給与の「民間準拠」の根拠としても使われてきた面があると言えよう。

さらに地公法第24条においては，給与の決定基準に関する原則が規定されている。すなわち，地公法第24条1項の「職務給の原則」，同条3項の「均衡の原則」，同条6項の「条例主義の原則」である[4]。

地公法第24条1項の「職務給の原則」とは，職員の給与が「その職務と責任」に応じて支払われなければならないとするものである。もっとも，「前項の規定の趣旨は，できるだけすみやかに達成されなければならない」（地公法第24条2項）とされたにもかかわらず，職務評価を通じた官職のランク付け（職階制）が結局実現しなかったために，職務給は実際には形骸化した存在となってきた[5]。

また，地公法第24条3項の「均衡の原則」とは，「職員の給与は，生計費並びに国及び他の地方公共団体の職員並びに民間事業の従事者の給与その他の事情を考慮して定められなければならない」というものであり，これが地方公務員給与の国家公務員給与水準への準拠の根拠とされてきた。

地公法第24条6項の「条例主義の原則」は，地公法における給与条例主義の根拠となるものであるが，給与条例にいかなる事項が記載されなければならないかについては，同法第25条において定められている。

ちなみに，地方公務員の場合，勤務条件の決定において労働基準法（労基法）が原則として適用されるが，非現業の一般地方公務員の場合，団体交渉権の制約と勤務条件条例主義の考え方からして，労基法第2条（労働条件

---

[4] ただし，国家公務員法（国公法）第28条にある「情勢適応の原則」については，地公法第24条には該当条項がない。
[5] 言うまでもなく，給与の等級付けに使われる「級別標準職務表」において「標準的な職務」として記載されている「職務」は，「係長（課長，部長…）の職務」などというものに過ぎず，本来の意味での職務とは言えない。

の決定における労使対等原則）は適用されない。また，労基法第24条1項における賃金支払いの3原則（通貨払い，直接払い，全額払い）については地公法第25条2項でも規定されているため，この部分について労基法は適用されない[6]。

なお，これら給与・手当の決定に関する法制度上の諸規定は，**表4-1**のようにまとめられるので，参照されたい。

（2） 労働基本権の制約とその代償措置

言うまでもなく，日本では，国家公務員のみならず地方公務員の場合も労働基本権に制約が課せられている（ただし，その適用状況には**表4-2**のとおり職員区分による差がある）。そのため，地公法第26条において人事委員会による給与勧告制度が定められている。通常，これが労働基本権制約の代償措置と解されている[7]。人事委員会の必置義務がある地方自治体は，都道府県と政令指定都市である（地公法第7条）[8]。

人事委員会を設置しない一般市町村等には，地公法第7条により公平委員会を置くことになっているが，公平委員会の機能は勤務条件に関する措置要求の審査等であり（地公法第8条），給与の勧告機能は有していない。そしてこのことが，特に近年多くの一般市町村等において，給与改定が都道府県の改定水準に準じて行われていることの要因ともなっている。

地方公務員の労働基本権のうち，労使間で特に争点になるのが団体交渉権の部分である。この点について地公法は，第55条2項で非現業地方公務員

---

[6] 一方，労基法第24条2項に規定がある賃金支払いにおける残りの2原則（月1回以上払い，一定期日払い）については，地方公務員にも適用される。なお，労基法の条文のうちどれが地方公務員には適用除外されるかについては，地公法第58条3項に規定されている。

[7] すなわち，地公法第26条では，「人事委員会は，毎年少くとも一回，給料表が適当であるかどうかについて，地方公共団体の議会及び長に同時に報告するものとする」とあり，さらに，「給与を決定する諸条件の変化により，給料表に定める給料額を増減することが適当であると認めるときは，あわせて適当な勧告をすることができる」とされている。

[8] それ以外の自治体でも，人口15万以上の市や特別区は人事委員会の設置は可能である。

表4-1 国家公務員と地方公務員の給与制度に係る法体系

区分	国家公務員	地方公務員 一般行政職	地方公務員 技能労務職員
給与の根本基準，給与決定の諸原則	○国家公務員法 §28（情勢適応の原則） →情勢適応の原則，人事院勧告制度 §62（給与の根本基準） →職務給の原則 §63（給与準則による給与の支給） →給与の法定主義 §64（俸給表） →俸給表の法定主義，均衡の原則 §65（給与準則に定めるべき事項） →俸給の決定に関する基準，手当に関する事項等の法定主義 ○一般職給与法 §4（俸給） →職務給の原則，勤務条件の考慮	○地方公務員法 §14（情勢適応の原則） →情勢適応の原則，人事委員会勧告制度 §24（給与，勤務時間その他の勤務条件の根本基準） →職務給の原則，均衡の原則，給与の条例主義 §25（給与に関する条例及び給料額の決定） →給料表，給料の決定に関する基準，手当に関する事項等の条例主義 §26（給料表に関する報告及び勧告） →給料表に係る人事委員会勧告制度 ○地方自治法 §204（給料，手当及び旅費） §204-2（給与等の支給制限） →給与の法定主義・条例主義	○地方公務員法 §14①（情勢適応の原則） →情勢適応の原則 ※人事委員会勧告制度（§14①）は適用なし。 ※地方公務員法§24～§26は適用なし。 ○地方公営企業法（※準用） §38（給与） →職務給の原則，均衡の原則，給与の種類及び基準の条例主義 ○地方自治法 §204（給料，手当及び旅費） §204-2（給与等の支給制限） →給与の法定主義・条例主義
俸給表・給料表	○一般職給与法 別表第一（行政職俸給表）～別表第十（指定職俸給表）	○各地方公共団体の給与条例	※各地方公共団体の条例においては，基準（他の職員との権衡等）のみを規定し，給料表は規定しないことが一般的。
手当の種類・額（支給率）	○一般職給与法 §10-3（初任給調整手当）～§19-8（期末特別手当） ○国家公務員の寒冷地手当に関する法律 等 ○人事院規則 9-34（初任給調整手当）等	○地方自治法 §204② →支給できる手当を限定列挙 ○各地方公共団体の給与条例 ○各地方公共団体の規則（人事委員会規則又は長の定める規則）	○地方自治法 §204② →支給できる手当を限定列挙 ○各地方公共団体の給与条例 ○各地方公共団体の規則（人事委員会規則又は長の定める規則）
初任給，昇格，昇給等の基準	○一般職給与法 §6～§8-2（俸給） ○人事院規則 9-8（昇任，昇格，昇給等の基準）	○各地方公共団体の条例 ○各地方公共団体の規則（人事委員会規則又は長の定める規則）	○各地方公共団体の条例 ○各地方公共団体の規則（人事委員会規則又は長の定める規則）

［出所］ 総務省「技能労務職員の給与に係る基本的考え方に関する研究会」2008年5月16日配布資料。

表4-2 地方公務員における労働基本権の適用状況

職員の区分		適用法律	団結権	団体交渉権	協約締結権	争議権
一般職	非現業職員（臨時的任用職員，一般職非常勤職員含む）	地公法（労基法）	○(52条)(警察・消防職員除く)	○(55条)(交渉は可能)	×(55条)(書面協定は可能)	×(37条)
	現業及び地方特定独法職員	地公労法（労組法・労調法・労基法）	○(5条)	○(7条)	○(7条)	×(11条)
	単純労務職員	地公労法（準用）（地公法・労組法・労調法・労基法）	○(5条)	○(7条)	○(7条)	×(11条)
特別職	常勤職員及び特別職非常勤職員	労組法（労調法・労基法）	○	○	○	○

注：適用法律欄のカッコ内は，併せて適用される法律を示す。
［出所］地方公務員任用制度研究会（2002a），坂（2004），第1回行政改革推進本部専門調査会（2006年7月27日）配布資料（http://www.gyoukaku.go.jp/senmon/dai1/sankou3.pdf）などから作成（早川・松尾（2012），p.179より引用）。

の団体協約締結権を否定している。だが同時に，同条1項で，登録職員団体からの給与や勤務条件の交渉申し入れに対する当局の応諾義務を規定し，また同条9項で職員団体と当局との間での書面協定ができることも定めている。このことは，非現業地方公務員にも，条例等に抵触しない範囲で団体交渉による給与，勤務条件決定の余地があることを示すものである（ただし同条3項により，自治体の管理運営事項は交渉の対象にすることができない旨が規定されている）。

なお付言すれば，地方公務員の賃金決定について地公法や地方自治法などの法制度を踏まえて議論することはもちろん不可欠であるが，（行政学・行政法学者，実務家の著述にしばしばみられるような）それらの法制度の単なる祖述では，労使交渉の実態に切り込めず，それゆえ賃金決定の実態は把握できない。またそれは，公務員の賃金決定システムの動態的な変化を把握するにも不十分と言わざるを得ない。その一方で，中村・前浦（2004）に代表され

るような労使関係論的手法に依拠した分析は，法制度への目配りが十分とは言えない[9]。従って，国家公務員も含めて，公務員の賃金決定システムについて分析するためには，法制度の基本を押さえた上で，現実の労使関係や政治的影響を通じた賃金決定の実際と変化を分析することが重要となろう。

（3） 賃金決定における地方公務員と国家公務員の共通点・相違点

次に，賃金決定における地方公務員と国家公務員の共通点・相違点について述べる。すなわち，まず賃金決定における地方公務員・国家公務員間の共通点を民間とも対比させつつ簡単に述べる。その上で，賃金決定における地方公務員・国家公務員間の相違点を指摘し，もって地方公務員の賃金決定システムの特質を浮き彫りにしたい。

賃金決定における地方公務員・国家公務員間の共通点については，国・地方自治体とも，その職員の賃金水準は，議会の同意による法令によって定められなければならないという点がまず挙げられる。この場合の法令とは，国の場合は給与法（一般職の職員の給与に関する法律），地方自治体の場合は各自治体の給与条例である。これが，勤務時間等の労働条件面も含めての勤務条件法定（条例）主義の原則であり[10]，またこの点が賃金決定システムにおける公務部門と民間部門との最大の相違でもある。勤務条件法定（条例）主義の根拠としては，現実に公務員の賃金は国・自治体の予算から支出される以上，その水準の決定には予算的制約が必然的に伴うし，その水準は「財政民主主義の原則」（憲法第83条）からも議会のコントロールに服さねばならないことが挙げられる。また，公務員が「全体の奉仕者」（憲法第15条）で

---

9) 同書は，地方自治体の行政機構や定員をめぐる労使関係の分析を主たるテーマとしており，その分析は公務労使関係の分析としては先駆的かつ優れた研究ではあるが，賃金決定をめぐる労使関係の実態への分析は手薄である。

10) この原則を規定しているのは，国家公務員（一般職非現業）の場合，国家公務員法（国公法）第63条であり，地方公務員の場合，先にも挙げたように地公法第24条6項である。なお，制度上は団体交渉で賃金水準その他勤務条件を決定しうる現業地方公務員（企業職員及び単純労務職員）についても，賃金水準は条例で決められる必要がある（地方公営企業法第38条4項）。現業国家公務員（特定独立行政法人の職員等）の場合は，制度上は団体交渉を通じた労働協約によって賃金水準を決めうるが，それでもその賃金水準は国の予算制約下に置かれることは言うまでもない。

あるという理念からも，その賃金労働条件は国民・住民の代表の場である議会のコントロールに一定限は服さねばならないであろう（ただしこのことは，公務員の賃金労働条件が労使関係のなかで決まるという側面を全面否定するものではない）。

　また，職務給原則を建前としていることも，地方公務員・国家公務員の給与に共通する点である（地公法第24条1項，国公法第62条）。ただし，本節(1)でも述べたとおり，国・地方自治体とも，戦後日本の公務員制度が目標としてきた職階制が結局実施されなかったため，給与のランク付けは，「級別標準職務表」に基づく「職務の級」（それは脚注5のとおり「課長の職務」などを「職務」とみなすもの）を基準に行われたにとどまり，職務給は形骸化してきたのが現実である。また，国家公務員の場合，「能力・実績主義」をうたった2007年の国公法改正で，職階制を規定した同法第29条から32条が削除されてしまっている[11]。

　一方，賃金決定における地方公務員・国家公務員間の相違点については，以下のような点が指摘できる。すなわち，まずは労使関係における当局の当事者能力・個別官庁の自律性の差である。端的に言えば，国よりも地方自治体の方が，労使関係における当局の当事者能力・個別官庁の自律性がともに高い。このことにより，国よりも地方自治体の方が，賃金決定における個別自治体の自律性，特に労使関係上の自律性が高くなる。地方自治体の方が当局の当事者能力や個別官庁の自律性が高くなるのは，地方自治体の場合，労使関係上のマターについての当局側の対応窓口が比較的はっきりしており，一元的であるからである（国の場合は，各省庁の官房部局と人事院との二元的関係となる面があるし，「政治」の介入もより直接的である）。また，地方自治体の場合，自治体ごとに個別の事情があるので，現実的に労使関係の細部は庁内労使間で決めざるを得ない部分もあるからである。

　ただし，地方自治体においても，国（総務省）によるフォーマル・インフォーマル両面の関与と指導を受けているのが現実である。その代表的なもの

---

[11]　一方，地方公務員の場合は，職階制の規定は現時点では地公法第23条に依然として存在している（ただし2014年4月に成立した改正地公法が2016年度以降施行された場合，職階制の規定は削除されることになる）。

としては，ラスパイレス指数を根拠にした給与水準の指導がある。また，特に一般市町村の場合，都道府県を通じた事実上の国の指導がある。このように，地方自治体の場合，労使の労使関係上の当事者能力は国より高い[12] ものの，賃金決定の自律性は国によって制約されている。そして，地方自治体の場合，住民の監視や首長のコントロールの影響を受けやすく，これも賃金決定の自律性（少なくとも労使関係上の）の制約要因になる。

（4） 自治体種別間の相違

なお地方公務員の賃金決定システムには，自治体の種別によっても実態的に相違がある。すなわち，賃金決定システムにおける自治体種別間の相違については，都道府県や政令指定都市は，その規模や財政規模の大きさ，労使双方の力量の高さなどから，一般市町村に比べて賃金決定の自律性は高くなると思われる。しかし，政治や世論レベルのコントロールは一般市町村よりも受けやすいと考えられる。また，都道府県や政令指定都市には必ず人事委員会が置かれるため，その勧告を通じて，実質的に人事院勧告水準によるコントロールを受けやすくなる。さらに，実態として，都道府県や政令指定都市は国からの指導も直接的に受けやすい。

一般市町村の場合は，実態としての都道府県の指導や都道府県からの出向人事を通じた人的関与があり，都道府県の給与水準によるコントロールを受けやすい。言いかえれば，都道府県の指導を通じて間接的に国の指導が及ぶ形になりやすい。労使双方の力量不足もこうした傾向を助長している。なお，かつては大都市圏を中心に，庁内の組合が強い一般市町村において給与の上乗せや独自給料表の設定がしばしばみられた。しかし近年は，ラスパイレス指数を根拠にした国の指導や組合の弱体化により，こうした「賃金ドリフト」はほぼ根絶されてしまっている。

---

[12] そのことが1970年代を中心とした時期に特に大都市圏の自治体において，給与の高ラスパイレス指数，いわば「賃金ドリフト」をもたらしてきた面はあるが，1980年代以降の地方行革や国の指導の強まりのなかで，賃金決定面での自治体労使の自律性は押さえ込まれてきた。

3 地方公務員賃金決定システムの近年の改革動向と問題点

ここまでは，地方公務員の賃金決定に関する法制度の基本について述べてきたが，それを踏まえ本節では，地方公務員賃金をめぐる近年（主に2000年代以降）の改革動向とそれがはらむ諸問題について概略を述べる。ただしそれは，近年の公務員制度改革や国の給与構造改革と連動した動きであることは否定できないと思われるので，国の改革動向を踏まえながらその動向を描出したい。

（1） 給与構造改革

まず給与構造改革については，2005年人事院勧告[13]に基づく給与構造改革が，国家公務員を対象に2006年度から順次実施されていった。その主たる内容は，第1に，基本給を平均4.8％引き下げるとともに，その中でも特に中高年層の賃金をより多く（平均7％）引き下げることによって賃金カーブのフラット化を図るものであった。第2には，等級再編（**表4-3**にあるような11級制から10級制への再編）であり，これによって（下位の級の上位号俸が上位の級の下位号俸を上回るような）級間の重なり部分を少なくし，俸給表の年功的色彩を薄め，給与体系を「一職一級」原則，「職務給」原則に近づけようとした。第3に，「勤務実績の給与への反映」と称して，従来の1号俸を4分割し，昇給時に査定による昇給幅をつける査定昇給制度が導入された。第4に，民間賃金の地域間格差が適切に反映されるよう給与の地域間配分を見直すという名目で調整手当の廃止を行い，これと前述の基本給の平均4.8％引き下げとを原資にして，大都市圏に地域手当（東京都特別区内に在勤の職員で18％など）を配分した。

このように2005年人事院勧告に基づく給与構造改革は，公務員給与制度

---

13) ちなみにこの2005年人事院勧告は，給与構造改革を2006年度以降段階的に実施するスケジュールを明示したものであった。そしてこの給与構造改革は，2005年勧告の中で人事院自身が「昭和32年以来約50年振りの大きな改革」と呼ぶほどの抜本的改革であった。

表4-3　国・地方自治体の級別職務分類の対応関係

	10級	9級	8級	7級	6級	5級	4級	3級	2級	1級
国・新 (2006年度～)	重要課長	課長	室長 (困難)	室長	課長補佐 (困難)	課長補佐	係長 (困難)	係長・主任 (困難)	主任・係員 (高度)	係員
地方自治体（都道府県）		部長	次長	総括課長	課長	総括課長補佐	課長補佐	係長	係員 (高度)	係員

	11級	10級	9級	8級	7級	6級	5級	4級	3級	2級	1級
国・旧 (1985年度～2005年度)	部長・重要課長	課長・室長 (困難)	室長	課長補佐 (困難)	課長補佐	係長 (困難)	係長	係長・主任 (困難)	主任	係員 (高度)	係員

注：国の各級の職位は本省における職位である。なお，政令指定都市クラスの場合，局長が国（新）の9級，部長が同8級，課長が同6～7級相当などとなる。

［出所］「人事院規則9-8」（新旧）別表，総務省「地方公務員の給与改定に関する取扱い等について」（総行給119号，平成17年9月28日）に基づき筆者作成。

における近年まれに見る大きな改革であったが，国のこの改革内容を基本的に踏襲する形で，地方自治体においても給与構造の改革が進められた。

（2）　高ラスパイレス指数の是正，ワタリ根絶

賃金に関する限り，「地方分権」のかけ声とは裏腹に，国の指導による賃金抑制は続いている。ラスパイレス指数を根拠にした国の度重なる賃金抑制指導により，地方自治体給与のラスパイレス指数（全団体加重平均）は最高時の1974年で110.9であったが，2004年以降国の平均を下回っており，2014年4月1日現在の同指数は98.9となっている（総務省「平成26年地方公務員給与実態調査結果」）。

また，2005年の給与構造改革にかかる人事院勧告を踏まえ，同年9月に国（総務省）は，地方自治体における給与構造改革を要請する総務事務次官名の通達[14]のなかで，国に合わせた級別職務分類とそのなかにおける「一職一級」原則[15]を強調し，ワタリ（運用昇格）の是正を指導している。なお，国の新旧の級別職務分類表と同通達による地方自治体のそれとの対応関係は

14）「地方公務員の給与改定に関する取扱い等について」（総行給119号，平成17年9月28日，各都道府県知事・各指定都市市長・各人事委員会委員長宛総務事務次官通知）。

表4-3のとおりである。

給与の高ラスパイレス指数の是正，ワタリ根絶に向けた国の指導は，1970年代以降行われてきたものであるが，上記のように近年はそれが給与構造改革と連動する形で行われているのである。

（3） 査定昇給

上記の給与構造改革の一環として，査定昇給制度が導入されている。査定昇給制度は，従来の普通昇給と特別昇給とを統合する形で導入されたものであり，勤務成績による5段階の昇給区分を設け，成績評価によって昇給幅（号俸数）が決まる制度である。国の場合は2005年の人事院勧告をうけて，2006年度から（幹部職員以外には2007年度から）それが導入されているが，地方自治体でもおおむね2007年度から（自治体により時期に多少の前後あり），査定昇給が導入されてきている。

この査定昇給制度では，昇給差をつけやすくするために，従来の1つの号俸を4分割することが行われている。従って，従来の毎年の1号俸分の昇給（普通昇給）は，この制度下では4号俸分の昇給に相当することになるが，査定結果に応じて昇給号俸数が上下することがポイントである。ちなみに国の行政職（一）における査定昇給の昇給幅と成績分布率は，人事院規則およびその通知[16]により表4-4のようになっているが，地方自治体においても国のこのやり方に準じた形で行われている（ただし，成績最上位者に対しても6号俸のアップにとどめる自治体が少なくない）。

ところで，上記の給与構造改革は，査定昇給を通じての「勤務実績の給与への反映」をうたうものであった。だが，地方自治体における勤務実績評価の実態を見ると，表4-5における神奈川県の人事評価項目のように，個々

---

15) ただし，その通達の中で，例えば都道府県の部長の職務は国の9級相応とされ，2006年度からの新給与表の下で国の本省重要課長（いわゆる官房三課長など）用のランクとして新設された10級とは明確に差がつけられている。むろん10級より上には本省部長級以上の指定職のランクがある。

16) 人事院規則9-8第37条及び給実甲第326号（人事院規則9-8（初任給，昇格，昇給等の基準）の運用について）。

表4-4 昇給成績区分にかかわる昇給幅および分布率（国家公務員行政職（一））

勤務成績 （昇給区分）	極めて良好 A	特に良好 B	良好 C	やや良好でない D	良好でない E
昇給幅	8号俸以上	6号俸	4号俸	2号俸	昇給なし
初任層（～新2級）	20％（「極良」は5％以内）			絶対基準	絶対基準
中堅層（新3～6級）	5％	20％		絶対基準	絶対基準

昇給幅	8号俸以上	6号俸	3号俸	2号俸	昇給なし
管理職層（新7級～）	10％	30％		絶対基準	絶対基準

［出所］　国公労連「新給与制度の解説」（2006年3月）。

表4-5　神奈川県における最終評価・総合評価の事例　　　　　ここが開示される

項目	区分・評価要素		観察指導者評価点	最終評価点（平均点）	最終評価	算定方法	点数
能力	知識，技術，技能		3	3.67	A	ウエイト30 100点換算 （×6）	22.00
	業務遂行能力	情報収集・活用力	4				
		理解力	4				
		企画・計画力	4				
		判断力	4				
	調整能力	説明・調整力	3				
意欲	取り組み姿勢	責任感	4	3.67	A	ウエイト30 100点換算 （×6）	22.00
		チームワーク	4				
		積極性	3				
実績	仕事の質	正確・迅速性	4	3.50	A	ウエイト40 100点換算 （×8）	28.00
		効率性	4				
	仕事の成果	創意工夫・業務改善	3				
		業務実績	3				
総合評価点（能力3.67×6＋意欲3.67×6＋実績3.50×8）							72.00

引用者注：昇給区分がB以上となるためには、総合評価点が70点以上かつ上位25％以内に入ることが必要。
［出所］　神奈川県総務部人事課作成資料（黒田・小越（2014），p.56より引用）。

の査定項目では，能力や意欲，態度部分の比率が高く，業績部分は少ないと言わざるを得ない。これは，黒田・小越（2014）で例示されている他の自治体でも類似の傾向である（なお，筆者が調査した後述のB市でも同様であった）。これでは，成果主義というより「遅れてきた」能力主義管理とでも言う方が

適切である。

（4） 地域間賃金格差

1990年代後半以降，地方圏で官民給与格差が拡大してきた。これは，人事院勧告のサンプルが大都市圏の民間賃金を相対的に多く含むため，地方における良好な雇用機会の減少や東京一極集中化等により民間賃金の地域間格差が拡大すれば，（地方圏の公務員給与も人勧水準に準拠して全国的基準で決まる限り）民間賃金水準の低い地方圏において官民給与格差が拡大するということである。

こうした地方圏における官民給与格差を「是正」する名目で，2005年の人事院勧告[17]に基づき2006年度より国家公務員給与に地域手当が導入された。地方公務員給与でも同様の措置が取られ，公務員給与における地域間格差が政策的に作り出されてきた。地域手当は，前述のように，従来の調整手当を廃止し，調整手当の廃止分と「給与構造改革」による基本給の一律4.8％引き下げ分とを原資にして，（東京都特別区内在勤者で18％など）大都市圏に基本給に上乗せする形で賃金を配分するものであった（図4-1）。

後でも検討するが，その問題点としては，第1に，公務員としての同一の職務であるにもかかわらず地域間で賃金格差を設けることは，職務給原則の放棄であること，第2には，グローバル化や東京一極集中化のもとで生じている賃金の地域間格差を追認し，大都市圏特に首都圏の公務員を相対的に優遇するものであること，第3には，地方圏の公務員給与を引き下げることにより，地方圏の民間給与へのさらなる引き下げ圧力となる可能性が高いこと，

---

[17]　2005年の人事院勧告で人事院は，地域間の賃金格差と手当によるその調整について，次のように述べている。「国の行政は全国各地で等しく行われていることから，その行政を担う国家公務員の基本的な給与は全国共通の俸給表に基づいて支給されている。現在，国家公務員に適用されている俸給表の水準は，東京都特別区などの高い民間賃金を含んだ全国平均の官民の給与較差に基づいているため，民間賃金の低い地域では公務員給与水準が民間賃金を上回るという状況が生ずることとなっている。全国共通に適用される俸給表を維持する一方で，このような状況を改めるためには，地域ごとの民間賃金水準の格差を踏まえ，地域の民間賃金がより適切に反映されるよう，俸給水準の引下げを行い，民間賃金水準が高い地域では地域間調整を図るための手当を支給するなどの措置を講ずる必要がある。」（2005年人事院勧告　別紙第1「職員の給与に関する報告」）。

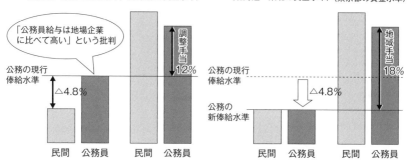

図4-1 公務員給与の地域間配分の見直し（2006年度以降）

［出所］　人事院「給与勧告の仕組みと本年の勧告のポイント」（2005年8月）。

などが指摘できる。そもそも「地域手当」の基本給への上乗せ率は，東京都特別区内在勤者で18％（2014年度から20％）など，後述する地域間の物価水準の格差以上に大きなものであり，大都市圏，特に首都圏の公務員（国に関していえば特に本省官僚）への過度の優遇となっている。

ちなみに，2014年の人事院勧告で国家公務員の地域手当の支給率が改定され，大都市圏，特に東京都特別区や東京都心への通勤圏を中心に，支給率が引き上げられた地域が多くなった（表4-6）[18]。これを受けて，地方自治体においても，国の支給率改定に追従する措置を取った自治体が多くなっている[19]。

（5）「自律的労使関係」と給与水準

近年の公務員賃金の改革は，賃金改革が必然的に人事制度の改革と結びつ

---

[18]　これは，全国共通に適用される俸給表のベースを平均2％引き下げることを原資としたものである。なお，人事院は同年の勧告で，「国家公務員給与における地域差については，全国各地に官署が所在しており，同一水準の行政サービスを提供することが求められるとともに，転勤等を含む円滑な人事管理が必要となるなどの国の組織における事情を踏まえることが必要である。さらに，同じ公務に携わる職員間の納得性の観点も踏まえると，地域手当による地域間給与の調整には一定の限界があると考える。」ともしており，地域手当の「一定の限界」は認めている。

表 4-6　地域手当の支給率の見直し（2014 年人事院勧告）

現行＼見直し後	20%	16%	15%	12%	10%	6%	3%
18%	特別区						
15%		町田市, 大阪市					
12%		横浜市, 川崎市, 豊田市	さいたま市, 八王子市, 名古屋市, 高槻市, 西宮市	船橋市, 吹田市			
10%			千葉市	相模原市, 藤沢市, 豊中市, 神戸市	水戸市, 市川市, 松戸市, 横須賀市, 大津市, 京都市, 堺市, 枚方市, 東大阪市, 尼崎市, 奈良市, 広島市, 福岡市		
6%					四日市市	仙台市, 宇都宮市, 川越市, 川口市, 所沢市, 越谷市, 柏市, 甲府市, 静岡市, 津市	
3%						高崎市, 岐阜市, 岡崎市, 春日井市, 和歌山市, 高松市	札幌市, 前橋市, 富山市, 金沢市, 福井市, 長野市, 浜松市, 豊橋市, 一宮市, 姫路市, 岡山市, 北九州市, 長崎市
非支給地							新潟市, 徳島市

（都道府県庁所在地又は人口 30 万人以上の市）

［出所］　人事院「給与勧告の仕組みと本年の勧告のポイント」（2014 年 8 月）

かざるを得ないことから，公務員制度改革とリンクして行われてきた[20]。公務員制度改革のなかで大きな焦点となったことの一つは，「自律的労使関係」をどのように構築するかということであった[21]。このことは，換言す

---

19)　ちなみに，総務省「平成 26 年地方公務員給与実態調査結果」に基づく資料によると，2014 年人事院勧告前の 2014 年 4 月 1 日現在では，全国 20 政令指定都市の中で，15 市が国の当該地域と同率の地域手当支給率となっている。残り 5 市（仙台・相模原・名古屋・岡山・広島）は国よりも低い支給率であり，支給率で国を上回る政令市は存在しない。都道府県の場合は，22 県が国と同じ支給率であり，2 県（東京・兵庫）が国より高い支給率，残り 23 県は国より低い支給率である。
20)　公務員制度改革が公務員人事管理や公務労使関係に及ぼす影響については，松尾（2010）でも検討した。

れば,「自律的労使関係」の導入によって賃金労働条件決定を分権化するのか,それとも従来からの中央統制を存続させるのか,という問題でもある。

ただし,非現業公務員への団体協約締結権の付与を通じた「自律的労使関係」の構築は,2012年12月の自民党への政権再交代とその後の自民党主導の公務員制度改革のなかで,実現可能性がひとまず遠のいている。その一方で,例えば東日本大震災の復興財源確保等を名目とした「国家公務員給与改定・臨時特例法」に基づく国家公務員給与の平均7.8％引き下げと同様の措置が,地方交付税削減を通じて地方自治体にも事実上強要されたことなど,賃金の中央統制の方が近年むしろ目立つようになっている。

また,国（総務省）は,地方公務員の給与について,その水準における「国公準拠」の考え方を修正し,民間地場賃金に準拠させていく方針を近年明確に打ち出してきている。例えば,2006年3月の「地方公務員の給与のあり方に関する研究会」（座長：塩野宏東京大学名誉教授）の報告書は,「6 改革の方向 (1) 給与決定の考え方 ①職務給の原則と均衡の原則」の部分で,次のように述べている。

> 「A 給与制度（給料表の構造や手当の種類・内容等）については,公務としての近似性・類似性を重視して均衡の原則が適用されるべきである。この場合,公務にふさわしい給与制度としては,現状での取組みとしては,地方公務員と同様に情勢適応の原則や職務給の原則の下にあり,人事院等の専門的な体制によって制度設計されている国家公務員の給与制度を基本とすべきである。
>
> 但し,これは,国と地方公共団体の違いに基づく差異とともに,情勢適

---

21) ただし,「自律的労使関係」構築にあたっては,非現業公務員の団体協約締結権を認めるか否かが焦点となった。民主党政権下で国家公務員への協約締結権の付与を中心的内容とする改革法案（国家公務員制度改革関連四法案）が2011年・2012年の両年に国会に提出されたが,いずれも廃案となった。また,地方公務員への協約締結権の付与を中心内容とする改革法案（地方公務員制度改革関連二法案）が国会に提出されたが,これも廃案になった。その後,自民党への政権再交代が生じたため,自民党主導の公務員制度改革によって「内閣人事局」設置が実現された一方で,非現業公務員への団体協約締結権付与については実現可能性がひとまず遠のいている。

応の原則や職務給の原則にのっとった合理的な範囲内で，個々の地方公共団体の規模，組織等も考慮されるべきものであり，画一的に国家公務員の給与制度と合致することを求めるものではない。

　B　給与水準については，地方分権の進展を踏まえ，地域の労働市場における人材確保の観点や，住民等の納得を得られる給与水準にするという要請がより重視されると考えられることから，地域の民間給与をより重視して均衡の原則を適用すべきである。具体的には，Aの下で，各地方公共団体がそれぞれの地域民間給与の水準をより反映した給料表を定めるべきである。すなわち，給料表の構造については，国の俸給表の構造を基本にした上で，地域民間給与の水準を反映するため，給料表の各号給の額について，一定の調整を行った給料表とする等の措置をとるべきである。」

　要するにこれは，給与制度は基本的に国準拠だが，給与水準は地域準拠にすべきであるという提言であり，均衡の原則に関して，国の給与水準よりも地域の民間給与水準との均衡を重視すべきという方針を明確に打ち出しているのである[22]。この方針に沿った形で地方自治体の給与制度と給与水準が決定されるならば，「分権化」の方針の下，従来の「国公準拠」による水準保証が掘り崩される一方で，制度面では国による統制が続くことになる。このような国の方針による統制の下では，仮に「自律的労使関係」が実現されたとしても，「自律的労使関係」を通じて地方公務員の賃金水準を改善することは難しい（首長と組合との力関係によっては，「自律的労使関係」の下でさらなる賃下げもあり得る）。

　なお，「地方公務員の給与制度の総合的見直しに関する検討会」（座長：辻琢也一橋大教授）による「給与制度の総合的見直しに関する基本的方向性」

---

[22]　その一方で，続けて同報告は，「この場合，仮に民間給与が著しく高い地域であったとしても，公務としての近似性及び財源負担の面から，それぞれの地域における国家公務員の給与水準をその地域の地方公務員の給与の水準決定の目安と考えるべきである」としている。この報告書の文案は恐らくは官僚の作文であろうが，筆者には，本文における引用部分も含め，これらは地方自治体の給与抑制ありきの国のあまりにも身勝手な言い分に思えてならない。

の報告（2014年8月）も，上記「地方公務員の給与のあり方に関する研究会」報告を踏襲し，「各地方公共団体において，改めてその給料表のあり方を検証しつつ，地域民間給与の更なる反映や高齢層職員の給与抑制に向け，今回の国の俸給表の見直し内容を十分に踏まえた取組を検討していく必要があると考えられる」としている。

（6） 給与平均7.8％引き下げ問題

　国家公務員の給与については，厳しい財政状況への対処と東日本大震災の復興財源確保を名目として2012年2月に成立した「国家公務員給与改定・臨時特例法（国家公務員の給与の改定及び臨時特例に関する法律）」により，2012年度・13年度に給与の平均7.8％の引き下げが実施された。そして各都道府県・政令指定都市等に対しても，2013年1月28日付総務大臣通知（総行給第1号「地方公務員の給与改定に関する取扱等について」）において，国に準じた給与引き下げを行うよう，地公法（第59条）ならびに地方自治法（第245条の4）に基づく「技術的助言」として「要請」された。その結果，大半の地方自治体において国の措置に準じた給与削減が実施されたのであった[23]。なお現実には，人件費算定基準の減額を通じた地方交付税の減額により，「要請」のレベルを超えて，給与削減に向けた締め付けが財源面からも行われたことは周知の事実である。

4　地方公務員の賃金決定をめぐる自治体労使関係

　前述のように，地方公務員の賃金労働条件は，労使間の自由な団体交渉の結果ではなく，直接には当該の地方自治体の条例により決定されることが原則である。これが，地公法第24条6項に規定されている勤務条件法定（条例）主義の原則である。この原則を字義とおり理解すれば，地方公務員の賃

---

[23] 総務省が集計した「地方公共団体における給与減額措置の実施状況」（2013年10月22日公表）によると，同年10月1日現在で国の措置に準じた給与削減を実施済みの地方自治体は，都道府県で44（93.6％），政令指定都市で17（85.0％），市区町村で1219（70.8％，他に「実施予定・協議中」が31）にのぼっている。

金労働条件（勤務条件）は各自治体における何らかの条例を根拠に決定されなければならないことになる。

また，本章2（2）でも述べたように，非現業の国家公務員同様，非現業の地方公務員についても労働基本権は制約されている。それは，地公法第37条における争議行為の禁止，地公法第55条における団体協約締結権の否認，などである。

しかし，このような勤務条件法定（条例）主義の原則や労働基本権の制約，さらには財政的制約にもかかわらず，地方自治体職場の賃金労働条件の詳細の決定においては，現実には個別自治体の庁内労使関係が重要な影響を及ぼすであろう。なぜなら，地方自治体の多様な職場の賃金労働条件の詳細を条例等に逐一明文化することはまず不可能であり，賃金労働条件の詳細部分は，庁内における労使の話し合いのなかである程度決定せざるを得ない面があるからである。地方自治体の庁内労使関係について分析した先行研究である中村・前浦（2004）は，行政サービスや行政的意思決定といった「政策」決定の部分に庁内労使関係が相応に影響を及ぼしていることを明らかにしているが，同書がほとんど言及していない賃金労働条件の部分はどうなのであろうか。本節では，この観点から，近年の給与構造改革下における賃金決定をめぐる自治体内労使関係の実際について，2013年度と2014年度に当局や職員組合関係者にヒアリング調査を行った事例に即してみてみる。

（1） 政令指定都市の事例

まず，政令指定都市A市における賃金決定をめぐる労使関係を見てみる。

スケジュール的には，まず春先に春闘がある。春闘は，言うまでもなく民間組合主体の賃上げ闘争であるが，自治労や公務労協公務員労働組合連絡会（連合系の公務単産の連絡会）なども，人事院総裁や総務大臣宛に総括的な要求を出す。自治体単組（職員組合）も，ナショナルセンター（自治労系組合の場合は連合）や自治労と歩調を合わせつつ総括的な問題について取り組む。また，首長宛に「春闘要求」を提出するなど，単組独自の要求も打ち出す。さらに3月ごろに，秋の市人事委員会勧告をにらみながら，従業員組合などの他単組と合同で市労連として市人事委員会にも要求を出す。

夏場になると，8月に人事院勧告が出され，9月に人事委員会勧告が出る。賃金改定をめぐる労使交渉は実質的にはここからである。ただし，改定内容を条例化するスケジュール上，10月から11月前半までに決着をつける必要が出てくる。

なお，人事委員会が給料表（俸給表）までは勧告しない自治体[24]の場合（A市もそうだが），当局側（給与課など）が給料表の案を作成し，それを交渉の過程で組合側に提示することになる。この種の自治体の場合，給料表における個々の号俸の金額は，予算原資の枠内では交渉の過程で若干修正されることもある（ただし，原資の伸びがないなかでは，労使交渉を通じた基本給改善の余地はほとんどなく，手当部分で「色をつける」のが精一杯というのが実態と思われる）。

人事委員会勧告後の賃金改定をめぐる労使交渉については，通常以下のような流れとなる。すなわち，人事委員会勧告が9月上旬に出た後，それを受けて市当局と組合側（市労連）との間で労使交渉が始まる。9月中に2回の団体交渉が行われる（1回目は当局側の説明が中心で，2回目は組合側の要求が中心である）。10月中旬の3回目の交渉の場で当局から給料表の案が提示される。その後数回の実務者間の交渉と，妥結を目指したいわゆるヤマ場の労使交渉を経て，11月上旬には賃金改定内容が妥結する。労使合意の内容は給与条例として秋の市会で条例化される必要があるため，このようなあわただしいスケジュールとなる。なお，一時金についても，12月10日支給のため，11月上旬には交渉上決着をつける必要がある。

このように，賃金決定のプロセスは後ろの期限が区切られているためスケジュール化されており，また財政面の制約もあり，十分な労使交渉とそれを通じた自律的な賃金決定は困難であることが想像できる。

---

24) ちなみに，人事委員会が給料表まで勧告する政令指定都市は，2014年度時点で仙台市，新潟市，千葉市，川崎市，横浜市，相模原市，浜松市である。都道府県は，ほぼすべてで人事委員会が給料表まで勧告している。なお，以前はほぼすべての政令指定都市において人事委員会は給料表を勧告していなかったが，近年国が「地方分権」の切り口から，人事委員会の機能強化をはかり，地域における民間給与をより反映した独自給料表を人事委員会が作成することを推奨したため，関東圏を中心に人事委員会が給料表を作成する政令指定都市が増えたと言われる。

（2） 一般市の事例

　次に，東京都下の一般市Ｂ市の例を見てみる。Ｂ市の場合，かつての俸給表は5等級制（1等級：主事補，2等級：主事，3等級：係長，4等級：課長，5等級：部長）であり，係長級（3等級）まではほぼ勤続年数によって昇進が可能であった（そのためワタリは実施していなかった）。Ｂ市の職員組合はこれを「不完全通し号俸制」と呼んできたが，これは事実上通し号俸制に近い形であるといえる。しかしこれが1990年代に給与のラスパイレス指数上昇の要因となったため，2002年度から等級間の間差が開いていく「職務給体系」に移行している。さらに2011年度からは東京都の給料表を使用している（近年は都下自治体でも独自表の市が少なくなったという）。

　もともとＢ市のような東京都下の一般市の場合，公平委員会（近隣自治体との共同設置による）は存在するが，公平委員会はそもそも給与勧告機能を有さないため，自治体内で，また近隣自治体と連携しながら，独自の賃金交渉が行われてきた経緯がある。現在，都下の一般市の多くは都の給料表（都表）を使用しているが，各自治体レベルでの独自の給与交渉はむろん行われている。従って，都表準拠の自治体でも，すべて都の給料表と同一というわけではなく，給料表上での格付けの仕方や，廃止された手当の本俸への組み込み方などで，自治体により若干のばらつきはあるという。

　ただ，基本的に，給料表の都表準拠は動かしがたい現実としてあるので，交渉は手当や人事制度面が中心にならざるを得ないという。さらに，都下の一般市の場合，やはり都を通じた給与指導が実態としてあり，例えば，市長会や副市長会などに都の局長・部長クラスがやって来て「技術的助言」をすることも多いという。また，Ｂ市の場合，行財政改革関係の部署の課長クラスに都からの出向者が来ている。このように，一般市の場合，給与政策については，都道府県を通じて間接的に国のコントロールを受ける度合いが強い。

　賃金をめぐる労使交渉のスケジュールについては，1月から2月に春闘があり，このとき職員組合は当局に制度政策に関わる総括的かつ幅広い要求提出を行う。5月ごろには夏の一時金の交渉がある。賃金確定をめぐる交渉（「確定闘争」）は，組合大会後の秋に行われ，11月初頭に始まり，12月はじ

めに冬の一時金も含めて妥結に至る。なお労使交渉については，団体交渉（副市長などvs.組合委員長など）と，団交の予備段階となる事務折衝（人事課長・同課長補佐などvs.組合委員長・副委員長など）とに分かれる。書面協定をほとんど行わないA市とは異なり，B市の場合，「確認書」などの書面協定は頻繁に取り交わしている。

このようにB市においても，賃金決定のプロセスはおおむねスケジュール化されており（交渉自体は頻繁に行われているが），また給与水準に関しては実態として都を通じたコントロールの下に置かれている。

5 地方公務員賃金決定システムの変容の問題点と今後の展望

本節では，ここまでの記述を踏まえ，近年の地方公務員賃金決定システムの変容がはらむ問題点について指摘するとともに，賃金決定システムの今後の展望と課題について述べる。

（1） 地方公務員給与の地域間格差の現状

地方公務員給与の地域間格差に関する政策とその問題点については本章3（4）でも言及したが，現実にも，地域手当導入以降，公務員給与の地域間格差は調整手当[25]の時代より拡大傾向にある。この点については，地方公務員給与の地域間格差については，「地方公務員給与実態調査」に基づく数量データを一例として挙げると，以下のような状況である。

すなわち，図4-2のように，2004年（平成16年）の地方公務員給与の地域差については，47都道府県の給与（給料＋調整手当）に関しては，最高県と最低県との間では，（47都道府県の単純平均値を基準値とした場合）21.4ポイントの差があった（すなわち最高県は基準値より13.4ポイント高く，最低県は基準値より8.0ポイント低い）[26]。ちなみに同時期の民間賃金水準の格差については，最高県と最低県との間では23.3ポイントの差（平成16年職種別民間給

---

[25] 調整手当の支給率は三大都市圏では本俸等の10％であった。1994年度から東京区部は12％になった。

図4—2 地域間の給与差の状況（47都道府県における給与差）

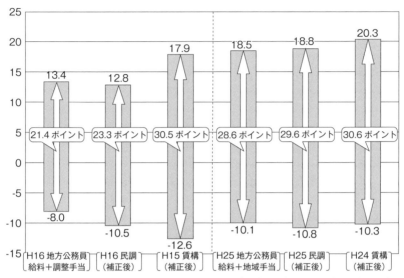

［出所］ 地方公務員の給与制度の総合的見直しに関する検討会「地方公務員の給与制度の総合的見直しに関する基本的方向性」（2014年8月）。

与実態調査）であった。

ところが2013年（平成25年）には，この地方公務員給与の地域差は，47都道府県の給与（給料＋地域手当）に関しては最高県と最低県との間で28.6ポイントの差に拡大している。ただし同年には民間の給与格差も29.6ポイント（平成25年職種別民間給与実態調査）に拡大している。

人事院や人事委員会の勧告水準は職種別民間給与実態調査に連動するため，地域の民間給与に合わせる限り，公務員給与の地域間格差はこのように拡大していくことになる。

（2） 地方公務員給与の地域間格差をめぐる政策動向と問題点

本章3（5）でも触れたように，2006年3月の「地方公務員の給与のあり

---

26)「地方公務員の給与制度の総合的見直しに関する検討会」（座長：辻琢也一橋大学大学院法学研究科教授）の報告『地方公務員の給与制度の総合的見直しに関する基本的方向性（平成26年8月）』。

方に関する研究会」(座長:塩野宏東京大学名誉教授) 報告は,給与制度について「公務としての類似性を重視して均衡原則を適用し,国家公務員の給与制度を基本とする」とする一方で,給与水準については,「地域の民間給与をより重視して均衡の原則を適用し,各団体が地域民間給与の水準をより反映させた給料表を策定(但し,民間給与が著しく高い地域であったとしても,その地域の国家公務員の給与水準が目安)」することを提言している。要するに「制度は国準拠,水準は地域準拠」の方針を明確に打ち出し,2005年の人事院勧告や近年の国の給与政策を追認している。

地域手当による格差付けの問題点としては,①公務という同種の職務を遂行するにもかかわらず,その勤務地域によって賃金差をつけることは職務給原則の放棄であること,②グローバル化や東京一極集中化などによって生み出された地域間の賃金格差を無批判に追認することになること,③大都市圏特に首都圏の公務員を優遇するものであること,④地方圏の民間給与へのさらなる引き下げ圧力や地方経済への圧迫につながること,⑤物価水準の地域差以上に地域間賃金格差をつけることは生計費原則(地公法第24条3項)に反すること,などが指摘できる。

仮に「職務給原則が該当するのは本俸部分であって,地域手当部分はそれに該当しない」ということであれば,地域手当部分は職務給原則によるものではなく,別の何らかの基準によって決められるべきものということになる。常識的に考えればその基準は各地域の物価水準からくる生計費ということになろう。しかし現実には,物価水準の地域間格差には地域手当の差ほどの格差はない。

例えば,県庁所在都市間の比較では,2013年の平均消費者物価地域差指数の総合指数(持家の帰属家賃を除く)[27]において,最高の横浜市(106.0)と最低の宮崎市(97.1)との比較でも8.9ポイント(9.2%)の格差しかない(家賃を除く総合指数では,この格差は7.2ポイント(7.3%)にまで縮小する)。だが2010年時点では,県庁所在都市間の平均消費者物価地域差指数の総合指

---

27) 総務省「平成25年(2013年)平均消費者物価地域差指数の概況」による。47都道府県の県庁所在都市(東京都については東京都区部)及びそれ以外の政令指定都市(川崎・浜松・堺・北九州市)計51市の物価指数の平均を100としたもの。

数(持家の帰属家賃を除く)の比較において、最高の横浜市(106.8)と最低の宮崎市(96.9)との比較で9.9ポイント(10.2%)の差があった。要するにこの3年間をとっても、物価水準の地域間格差は縮小しているのである。さらに遡れば、2006年には同指数で、最高の東京都区部(111.0)と最低の那覇市(95.9)との比較において15.1ポイント(15.7%)もの差があった。

このように、総務省の公式統計のレベルでも、地域間の物価水準の格差は近年明らかに縮小傾向にある。にもかかわらず、民間賃金の地域間格差を追認するかたちで公務員の賃金の地域間格差が拡大していることは、生計費原則の観点からみれば、ゆゆしき事態であると言わざるを得ない(むろん、民間賃金の地域間格差の拡大についても、それは根源的にはグローバル化や東京一極集中化の産物であり、看過できるものではないが)。

あるいは、地域間の格差付けの論理が「地場賃金との均衡」というものであるとしても、それは公務と地域民間企業との職務内容の差を考慮していないという点で職務給原則に反する。なお、地公法第24条3項の「均衡の原則」を地域民間賃金との均衡まで含めて解釈するのは、拡大解釈であると思われる。そもそも、公務員の賃金が下がれば地域民間企業の賃金相場はさらに下がる可能性があり、そのことからも「地場賃金との均衡」の実現可能性は低い。

このように、職務給原則の観点からも生計費原則の観点から見ても、地域手当による地方公務員給与の地域間の過度な格差付けは合理的根拠を欠いており、地公法や国公法に規定されている公務員給与に関する原則自体を掘り崩すものですらある。

(3) 地方公務員給与の個人間格差に関する問題点と組合の規制

次に、地方公務員給与の個人間格差に関しての問題点と、組合の規制実態について述べる。

上述のように、近年、公務員制度改革のなかで公務員の給与構造改革が叫ばれ、「能力・実績主義」の名のもとに査定昇給制度が導入されてきた。だが、査定昇給に関しては、賃金原資の増加がさほど望めないなかでは、結局はゼロサムゲームとなるため、大幅な個人間格差を付けることは難しい(賃

金原資の大幅な増加があれば，低成績者の賃金をさほど下げずとも高成績者の賃金を大幅に上げることが可能となるが）。

また近年は，給与構造改革の一環として「世代間の給与配分の見直し」が人事院勧告のなかでも強調されており，その結果として賃金カーブが以前よりもフラット化し，年齢間の賃金格差が縮小してきている。さらに給与構造改革にもかかわらず職位間の賃金格差はあまり変化していないとすれば[28]，（査定結果の長期にわたる積み重ねが昇進格差につながり，それが給与格差に反映されていくという）稲継裕昭が言うところの「積み上げ型褒賞システム」も従来ほど機能しなくなってきているとみることもできる。

結局，職員の高齢化や高学歴化のなかで，年功賃金や「積み上げ型褒賞システム」によって長期的なスパンで職員間の賃金格差をつけることが限界に達してきたことから，国や地方自治体は給与構造改革の名のもとに査定昇給などの個人間格差の拡大を目指す政策を近年導入してきたと考えられる。だが，賃金原資が伸びないなかでは，それらがコストに見合った成果（例えば，昇給の「悪平等」を克服することによる公務員のモチベーションアップなど）を挙げうるのかは疑問である。その意味では，査定昇給のコスト・ベネフィットについても，公務員賃金の地域間格差と同様に，実態的・統計的検証が深められる必要があろう。

ただ，査定昇給，あるいはその根源にある「能力・実績主義」給与の問題点としては，前述のような賃金原資の伸び悩みのなかでは結局ゼロサムゲームにしかならないという問題の他に，職務給の建前の放棄，職務とのリンクを曖昧にした能力主義的評価につながる，といったことは指摘できる。実際にも，黒田・小越（2014）が紹介しているいくつかの地方自治体の人事評価制度の事例からは，査定昇給の前提となる人事考課の要素に「責任感」や

---

[28] 例えば，横浜市人事委員会勧告に添付されている参考資料「本市職員給与の実態」を見ると，給与構造改革前の2005年4月1日現在における行政職の係員（1級・2級＝2007年度以降の1級）と課長級（7級＝同6級）との給与（給与＋扶養手当＋地域手当＋住居手当＋管理職手当）格差は2.55倍，係員と局長級（10級＝同8級）との同格差は3.79倍であった。しかし2014年4月1日現在におけるそれは，それぞれ2.55倍，3.53倍となっており，職位間の給与格差が拡大している実態はない。現行等級制度になった2007年度以降のみで時系列的に比較しても同様である。

「積極性」などの態度・意欲的要素が多く含まれていることがわかる。その意味でそれらの人事評価制度は，職務に基礎を置いた成果主義ではなく，情意考課的部分も含んだ「遅れてきた」能力主義に基づくものと言える。従ってそれらは新味に乏しく，（専門性の向上などの）公務員への社会的ニーズにも応えられないものであろう。

そして，こうした個人査定への自治体の労働組合の発言と規制については，上記の黒田・小越（2014）でも若干言及されている。すなわち同書の第2章では，「管理運営事項」[29] の壁を乗り越えて「人事考課の団体交渉」を行い，労使交渉により評価項目や分布率を変更したり，本人への成績開示などを行わせた例が紹介されている。

なお，査定昇給については評価の分布率が問題となるが，非管理職の分布率は，人事院規則による国の基準同様に，5段階評価で最上位のS（極めて良好）が5％以内，A（特に良好）が20％以内と制度上している自治体が多い（ただし国の場合は表4-4のようにAが5段階評価の最上位である）。そして実態としてB評価（良好，4号俸上げ）が大半を占める。C, Dは処分歴ある者や欠勤日数の多い者が中心である。

ただし労使交渉により，実際の運用上は本則よりもやや甘くしている自治体が多いようである。例えば前述のB市の場合[30]，S（6号俸アップ），A（5号俸），B（4号俸），C（2号俸），D（昇給なし）の5段階の区分となっており，分布率は本則ではSが5％以内，Aが15％以内の比率になっているが，労使交渉によりSとAを合わせて計7％以内に抑えているという。

このように査定昇給に関しては，地方自治体の場合，組合がその運用に一定の規制をかけているとみることはできる。

（4）地方公務員の賃金決定システムの変容に関するまとめと今後の展望，課題

最後に，地方公務員の賃金決定システムの近年における変容についてまと

---

29) 地公法第55条3項は，地方自治体の管理運営事項は労使交渉の対象とすることができない旨を規定している。
30) B市の場合，査定昇給は2012年度から導入されている。

めると，以下のようなことが言いうる。

　まず，本章の分析からは，地方自治体自身の賃金決定の自律性は依然乏しく，制度面でも水準面でも国のコントロール下にあると言える。このことは近年の公務員制度改革や給与構造改革のなかでむしろ強まっているとも言える。そして，国のコントロール下でのこれらの改革によって，地方公務員賃金の職務給原則や生計費原則が掘り崩されてきている。

　さらに，庁内労使関係のなかでの組合の賃金面の交渉力は乏しいことも指摘できる。確かに，中村・前浦（2004）や筆者の一連の研究（松尾（2009）など）は，行政的意思決定事項に関しては庁内の組合がそれなりの影響力を発揮してきたことを明らかにしてきた。それは，その限りにおいては相応に自律性を持った労使関係が構築されてきたとも言える。しかし，こと賃金面に関しては，上記のような自治体庁内労使関係研究が明らかにしてきた状況とは異なった様相を呈しており，組合は労使交渉を通じて賃金水準をコントロールすることがほとんどできていない。要するに，賃金に関しては，「自律的労使関係」を通じた決定にはほど遠く，むしろ中央統制が近年強まる傾向が見られるのである。

　さて，地方公務員の賃金決定システムについての今後の展望としては，西村（1999）における類型論（図4-3）を援用すれば，自律的決定の拡充か制約的決定の存続かということになろう。だが，公務員制度改革のなかで「自律的労使関係」の構築が叫ばれてきたにもかかわらず（2012年12月の自民党への政権再交代以降は議論がひとまず沈静化してきたが），地方公務員の給与システムや給与水準決定に関しては国（総務省）の指導が弱まっている実態はないとすれば，給与に関する自律的決定拡充の見通しは不透明である。

　あるいは，場合によっては，賃金決定に関する個別自治体の自律性は拡充するが，決定過程から組合の影響力が排除される「自律的非交渉型」（ノンユニオニズム？）もあり得る。つまり，NPM的行政管理下で賃金決定が分権化したとしても，それが「自律的交渉型」を生み出すとは必ずしも言えないのである。そしてこのよう場合には，最悪，人事院・人事委員会の勧告水準すら実現されない政治的な賃金切り下げも生じうる。

　仮に賃金決定における「自律的労使関係」が実現されたとしても，分権化

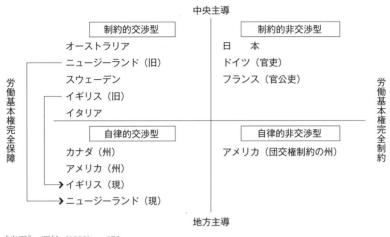

図4-3 公務員賃金決定システムの類型

[出所] 西村（1999），p.276．

された庁内完結型の「自律的労使関係」では，自治体労使のストレートな力関係の勝負になり，現在の力関係では組合側に不利になる場合も多いであろう。また，中小自治体では，庁内組合の交渉力や人的資源が貧弱であることも多い。その意味では，組合側の対抗戦略としては，「自律的労使関係」の確立は最低条件ではあるにしても，それ以上に賃金決定の分権化・個別化を乗り越える自治体横断的な交渉体制の構築が課題になるのではないかと思われる。

（※本章の以上の部分は，松尾（2015）に加筆・修正を加えたものである。）

6　非正規地方公務員の賃金

以上本章では，地方自治体の正規職員の賃金決定システムとその近年の変容について述べた。しかし近年の地方自治体においては，非正規職員の職員数の増加傾向が続いており，地方公務員の賃金問題のなかでも非正規職員の賃金問題は看過し得ない問題となっている。従って本節では，地方自治体における非正規職員の現状を踏まえながら，特にその賃金の問題について補論的に述べることとする[31]。

（1） 地方自治体の非正規職員の種類と数

　非正規職員の賃金の問題に入る前に，地方自治体の非正規職員の種別や任用根拠法令，人数についてまず簡単に述べておく。

　地方自治体の非正規職員[32]は，任用根拠法令・条文別にいくつかの種類に分かれている。すなわち，任用根拠法令・条文別に，臨時的任用職員（地公法第22条2項・5項），特別職非常勤職員（同第3条3項3号），一般職非常勤職員（同第17条），任期付短時間勤務職員（任期付職員法）などの種別がある。

　臨時的任用職員は，地公法第22条2項ないし5項に基づき臨時任用される一般職の職員である。後でも見るように，地方自治体の非正規職員のなかではこのカテゴリーの職員の数が最大となっている。地公法第22条2項では，臨時職員は，「緊急の場合」や「臨時の職に関する場合」などに，人事委員会の承認を得て「六月をこえない期間」で任用するものとされている（人事委員会の存在しない地方自治体の場合は同第22条5項に基づいて任用が行われるが，規定は同じである）。そしてその任用は「六月をこえない期間で更新することができるが，再度更新することはできない」とされている[33]。

　特別職非常勤職員は，地公法第3条3項3号に基づき任用される職員である。このカテゴリーの職員は，地方自治体の非正規職員のなかでは臨時的任用職員に次いで多くなっている。本来この特別職非常勤職員は，地公法第3

---

31) 地方自治体の非正規職員問題全般については，早川・松尾（2012）で詳論しているのでぜひ参照されたい。賃金の問題についても同書第4章を参照されたい。
32) 地方公務員に関わる法制上，「常勤職員」や「非常勤職員」，あるいは「正規職員」や「非正規職員」の明確な定義はない。ただし，地方自治法172条3項の条文（「職員の定数は，条例でこれを定める。ただし，臨時又は非常勤の職については，この限りでない。」）からすれば，条例定数内の職員を常勤職員，条例定数外の職員を臨時・非常勤職員あるいは非正規職員とみなすことは可能である。任期付職員や定年後の再任用職員は，フルタイム勤務の場合は通常条例定数内に入るが，本章ではこれらも含めた地方自治体における広い意味での非正規職員は臨時・非常勤等職員と呼称する。
33) しかしこの地公法第22条の規程にもかかわらず，臨時的任用職員の少なからぬ割合が，実態的には再度任用（実質的には任用の更新）を繰り返して1年を超えて継続的に雇用されている実情がある。

条3項3号が「臨時又は非常勤の顧問，参与，調査員，嘱託員及びこれらの者に準ずる者」と規定するとおり，一定の専門的知識や経験を必要とする職に任用することを想定した職員区分である。また，「非常勤」の名のとおり，このカテゴリーの職員は，本来，1日あるいは1週間における勤務時間が常勤職員よりも短い職員（パートタイマー）であるはずである。しかし実際には，一般事務的な職においても，しかもフルタイムまたはそれに近い勤務時間で，多くの特別職非常勤職員が雇用されている。

　一般職非常勤職員は，地公法第17条に基づいて任用される非常勤職員である。過去の行政通達からは，学校給食調理業務のパート職員や公民館の館長以外の非常勤職員などが一般職非常勤職員の例として想定されている（自治労 2010,p.17）。そもそも地公法第17条は一般職職員の任用方法について一般的に定めているにすぎない。だが現実には，1980年代以降，地公法第17条を根拠に様々な職で一般職非常勤職員の任用が行われるようになってしまっている[34]。

　これらの他にも，人数的にはこれらに比べまだ少数であるが，任期付職員や任期付短時間勤務職員も広い意味では非正規職員のカテゴリーに含めるべきである[35]。任期付職員は，2002年に制定された任期付職員法（「地方公共団体の一般職の任期付職員の採用に関する法律」）により制度化された職員区分である。また任期付短時間勤務職員は，2004年の任期付職員法の改正により制度化されたものである[36]。

---

[34]　この一般職非常勤という特別職非常勤とも異なるカテゴリーが現れてきた背景には，専門的知識・経験をさほど必要としない一般的職務の場合，これを特別職として位置づけるのはやはり無理があるという行政判断があったと思われる。

[35]　ただし，フルタイム勤務の任期付職員は，地方自治体の定数条例内の定数には通常含まれる。

[36]　任期付職員は，「専門的な知識経験が必要とされる業務」（任期付職員法第3条），「一定の期間内に終了することが見込まれる業務」（同第4条）などに任用され，任期付短時間勤務職員は，住民サービスの提供時間を延長したり繁忙時の提供体制を充実させたりする必要がある場合に任用される（同第5条）。なお，総務省の資料（「地方公共団体における任期付職員の採用状況等について」http://www.soumu.go.jp/main_content/000328863.pdf）によると，地方自治体（都道府県，政令指定都市，市町村及び特別区）における任期付職員の数は2014年4月1日時点で9665人にのぼっている（第3条任期付職員1470人，第4条任期付職員3337人，第5条任期付職員4858人）。

ほかにも，地公法第28条の4に基づき任用される定年後の再任用職員や，地公育休法（「地方公務員の育児休業等に関する法律」）・産休法（「女子教職員の出産に際しての補助教職員の確保に関する法律」）に基づき任用されるいわゆる育休・産休代替教職員も，広い意味での非正規職員のカテゴリーに含めるべきである（ただし以下では，地方自治体の非正規職員の圧倒的多数を占める臨時・非常勤職員の問題について主に取り扱うこととし，広い意味での非正規職員も含めて言及する場合は臨時・非常勤等職員の語を用いる）。

それでは，地方自治体においてこれら各種の非正規職員はどの位の数的規模で存在しているのであろうか。現在，地方自治体の臨時・非常勤職員数に関する網羅的な政府統計としては，総務省「臨時・非常勤職員に関する調査」（2012年4月1日現在）がある（総務省2012）。同調査[37]によれば，日本全国の地方自治体の非正規職員数は，2012年4月1日現在で，特別職非常勤職員（地公法第3条3項3号）・一般職非常勤職員（同第17条）・臨時的任用職員（同第22条2項・5項）の合計で，60万3582人にのぼっている[38]。その内訳は，特別職非常勤職員23万1209人（38.3％），一般職非常勤職員12万7390人（21.1％），臨時的任用職員24万4983人（40.6％）である。自治体種別では，都道府県12万6587人，政令指定都市6万5680人，市町村等41万1315人となっている。男女別では，60万3582人中44万8072人（74.2％）が女性である。

一方，自治労は，「2012自治体臨時・非常勤等職員の賃金・労働条件制度調査」の結果から，2012年6月1日時点での地方自治体の非正規職員数を約70万人と推計している（自治労2015）[39]。

---

37) 同調査の調査対象職員は，都道府県，政令指定都市，市町村等（市町村，特別区，一部事務組合，広域連合及び財産区）の臨時・非常勤職員（地公法第3条3項3号，第17条，または第22条2項もしくは5項により任用されている者で，任期付き短時間勤務職員や再任用短時間勤務職員等は除く）で，任用期間が6月以上又は6月以上となることが明らかであり，かつ1週間当たりの勤務時間が19時間25分以上の職員である。
38) ちなみに，2008年の総務省の「臨時・非常勤職員に関する調査」（総務省2008）では，この3任用区分の非正規職員数は2008年4月1日現在で合計49万9302人であった。なお，全国の地方自治体の正規職員（一般職の常勤職員）数は，2008年4月1日現在で289万9378人，2012年4月1日現在で276万8913人であった（総務省「地方公共団体定員管理調査」）。

（2） 臨時・非常勤職員の賃金労働条件

　それでは，臨時・非常勤職員の現実の賃金水準や労働条件（「勤務条件」）はどのようなものなのであろうか。本節では，主に正規職員との格差という観点から，賃金の問題に絞って述べる（なお，「雇い止め」や任用・再度任用等の臨時・非常勤職員の身分保障に関する問題については，早川・松尾（2012）を参照されたい）。

① 臨時・非常勤職員の賃金・手当に関する法制度

　最初に，臨時・非常勤職員の賃金・手当について制度的側面から述べる。
　まず，地公法第22条2項ないし5項に基づき任用される臨時的任用職員の場合，地公法が適用される一般職公務員であるため，職務給の原則や給与条例主義の原則など，地公法第24条各項の原則が適用される。これらの原則の上で，臨時的任用職員は地方自治法第204条1項により給与および旅費支給が受けられ，また同法第204条2項に列挙されている諸手当も受け取れることになる。むろん，給与や手当の額や支給方法は条例で定められなければならない（同法第204条3項）[40]。
　一方，非常勤職員の場合は，地方自治法第203条の2に基づき，「報酬」および「費用弁償」（交通費等）を受けられ，かつその額や支給方法は自治体の条例で定められる必要がある。ただし，一般職・特別職を問わず非常勤職員は制度上は「常勤」の職員ではないため，常勤の職員及び短時間勤務職員への手当支給を定めた地方自治法第204条2項の適用を受けられず，法的には諸手当を受け取れないことになっている。
　このように手当支給に関しては，地方自治法第203条と第204条の規定に

---

[39] ちなみに自治労は，2008年に行った同種の調査（「臨時・非常勤等職員の実態調査」）では，2008年6月1日時点での地方自治体の非正規職員数を約60万人と推計している。

[40] なお現実には，臨時的任用職員の給与・諸手当は，個別自治体において正規任用の職員とは切り離された給与条例によりその水準等が決められることになるが，給与は予算上の統一単価（時間単価）に基づく日給制であり，手当の種類も限定されるのが通常である（地方公務員任用制度研究会 2002, p.183）。

より，臨時的任用職員や短時間勤務職員と非常勤職員との間に大きな制度的相違がある。言うまでもなく，手当には退職手当や一時金（期末手当・勤勉手当）も含まれるのであるから，この差は大きい。非常勤職員の場合，建前上は専業ではない形でその職に従事することになるのであるから，「生活給」の保障は必要でなく，その報酬は勤務自体に対する給付で差し支えないというのが通常の理解である（自治労2010,p.52）。しかし，この理解は実態とは大きく乖離しているのみならず，国の非常勤職員が給与法第22条の2により諸手当を受給できることとも整合性を欠いている。その意味でこれは，つとに指摘されるように，むしろ法律上の不備・盲点と言うべきである。

② 臨時・非常勤職員の賃金・手当に関する決定基準

次に，臨時・非常勤職員の賃金水準は，いかなる基準で決定されているのかという問題について述べる。前述の総務省「臨時・非常勤職員に関する調査」によれば，全国の市町村等において，臨時・非常勤職員に対する「報酬の基本額の設定の考え方」（複数選択可）は表4-7のとおりである。

いずれの任用根拠の職員についても，「同一又は類似の職務を行う常勤職員の給料額との均衡を考慮」というものの割合が最も高い（特別職非常勤職員56.9％，一般職非常勤職員51.9％，臨時的任用職員40.2％）。これに対して，「地域で同一又は類似の職務を行う民間労働者の賃金との均衡を考慮」というものは，特別職非常勤職員で20.8％，一般職非常勤職員26.7％，臨時的任用職員28.0％と，いずれも「同一又は類似の職務を行う常勤職員の給料額との均衡を考慮」よりは低い（ただし，臨時的任用職員については，「地域の最低賃金又は地域の最低賃金に一定額を上乗せして設定」も28.3％ある）。

要するにこの結果からは，臨時・非常勤職員の給与水準についても，同地域・職種における民間労働者（主に非正規）の賃金相場や地域最低賃金より，地方自治体の常勤職員との均衡が相対的には考慮されていると言える。特に，特別職非常勤職員と一般職非常勤職員についてはそのように言える。

ちなみに国の場合，人事院の「非常勤給与ガイドライン」が，非常勤職員の給与について「初号俸の俸給月額を基礎」としているが，このことを理由に国公行（一）1級1号の水準を基準に臨時・非常勤職員の給与を設定して

表 4-7 報酬の基本額の設定の考え方（市町村等）

	同一又は類似の職務を行う常勤職員の給料額との均衡を考慮	地域で同一又は類似の職務を行う民間労働者の賃金との均衡を考慮	地域の最低賃金又は地域の最低賃金に一定額を上乗せして設定	その他	母数
特別職 非常勤職員	460（56.9%）	168（20.8%）	81（10.0%）	214（26.5%）	809 団体
一般職 非常勤職員	393（51.9%）	202（26.7%）	148（19.6%）	150（19.8%）	757 団体
臨時的 任用職員	547（40.2%）	382（28.0%）	386（28.3%）	291（21.4%）	1362 団体

注：複数選択可
［出所］ 総務省（2012）より作成。

いる地方自治体もある（自治労 2010,p.48）。

③ 賃金水準の実態

次に臨時・非常勤職員の実態的な賃金水準についてであるが、まず前述の総務省「臨時・非常勤職員に関する調査」（2012年4月1日現在）の結果では次のような状況である（表4-8）。

市町村等の合計ではあるが、水準的にはお世辞にも高いとはいえない数字である。特に臨時的任用職員の場合、時給換算で平均841円[41]と低く、800円以下の地方自治体も調査対象の1362団体中612団体（44.9%）ある。ちなみに2012年度の地域別最低賃金の全国加重平均額（時給）は749円であった。また、2012年度の高卒一般行政職（競争試験採用）の初任給の平均額は、都道府県で14万1796円、政令指定都市で14万3563円、その他の市で14万2436円であった（「平成24年4月1日地方公務員給与実態調査」）。要するにこのデータからは、臨時・非常勤職員の給与水準は、高卒一般行政職初任給程度の水準に過ぎないと言えるし、地域別最低賃金レベルの額であることすらまれではないと推測できる。

---

41) この総務省の調査によれば市町村等における事務補助職の臨時的任用職員の週平均勤務時間は36.5時間であるから、月平均4.35週（365÷12÷7）あると考えて給与月額を計算すれば、それは 841 × 36.5 × 4.35 = 13万3530円となる。

表 4-8　事務補助職員の報酬及び費用弁償の状況（市町村等）

任用根拠	報酬							費用弁償	
	報酬の基本額*1（1時間当たり換算額）						報酬の基本額以外の報酬*2	通勤費用	その他の費用弁償*3
	平均額（円）	報酬額分布（団体数）					支給あり（団体数）	支給あり（団体数）	支給あり（団体数）
		700円以内	700円超800円以内	800円超900円以内	900円超1,000円以内	1,000円超			
特別職非常勤職員（法3条3項3号）	1,253	8	42	102	136	521	192	476	226
一般職非常勤職員（法17条）	1,006	14	184	207	129	223	258	557	144
臨時的任用職員（法22条2項・5項）	841	53	559	547	138	65	424	1,062	234

注：＊1　「報酬の基本額」：初任時に適用される報酬額
　　＊2　「報酬の基本額以外の報酬」の例：時間外勤務に対する追加報酬等
　　＊3　「その他の費用弁償」の例：旅費等
[出所]　総務省（2012）

　一方，組合側のデータとして，自治労（2015）で引用されている前述の自治労「2012自治体臨時・非常勤等職員の賃金・労働条件制度調査」を参照する。同調査によれば，臨時・非常勤等職員の61.9%が時給または日給制で賃金を得ている（自治労2015,p.49）。日給または時給制の場合，時給額は800円台が最も多く（34.1%），800円未満も17.7%に達する（図4-4）。要するに時給900円未満が過半数となっている。月給制の場合は14万円以上16万円未満が最も多い（29.1%）が，14万円未満も30.1%にのぼる（図4-5）。時給900円未満や月給16万円未満だと，手当や一時金がなければ年収は200万円に満たないことになる。一般行政職の正規職員の平均給与月額29万4918円[42]と比較すれば，格差は大きいと言わざるを得ない。

④　昇給・昇格

　最後に，臨時・非常勤職員の昇給・昇格の問題について，現状と問題点を記述する。
　まず臨時・非常勤職員の昇給・昇格の問題とは，実態的には任用期間終了

---

[42]　この額は「2013年度自治労賃金実態調査」による2013年7月基準の組合員ベースの額で，諸手当を除く。時給換算で2010円（自治労2015,p.49）。

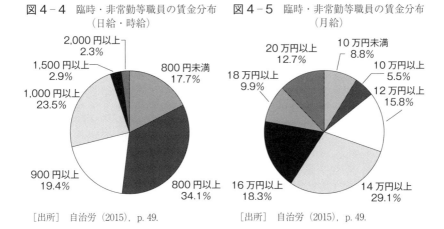

図4-4 臨時・非常勤等職員の賃金分布（日給・時給）
図4-5 臨時・非常勤等職員の賃金分布（月給）

［出所］　自治労（2015），p. 49.

後の再度任用時に昇給できるかどうか，あるいはより上位の職に任用されるかどうか，という問題である。なお，臨時・非常勤職員の任用期間は，臨時的任用職員が通常6ヵ月，非常勤職員が1年であることが多い。

ちなみに総務省は，任期のある職員に昇給制度はなじまないとの立場を崩していない（自治労2010,p.57）。後でも言及する2014年7月の総務省通知（総行公第59号，平成26年7月4日）においても，「同一の職務内容の職に再度任用され，職務の責任・困難度が同じである場合には，職務の内容と責任に応じて報酬を決定するという職務給の原則からすれば，報酬額は同一となることに留意すべきである」とされている。

実態的には，総務省の調査結果（総務省2008）によれば，「再度任用時の報酬・給料等の考え方（市町村等）」については，どの任用根拠の臨時・非常勤職員においても，「再度任用により職の位置づけが変わることがないので変更なし」と回答した市町村等が圧倒的に多い（表4-9）。

（3）臨時・非常勤等職員の賃金処遇をめぐる国の政策動向

ここでは，臨時・非常勤等職員の賃金処遇をめぐる近年の国の政策動向について述べる。2009年4月に総務省は，地方自治体の臨時・非常勤職員と任期付短時間勤務職員の任用・処遇についての同省の考え方をまとめた通知

表4-9 再度任用時の報酬の考え方（市町村等）

	再度任用により職の位置づけが変わることがないので変更なし	再度任用する際に能力・経験を勘案して、より上位の職に任用した場合に報酬も増額	同一の職種に従事した経験年数を勘案して報酬を増額	当該職に必要な能力を一定の評価基準（人事評価、資格の有無等）で評価して報酬を増額	その他	母数
特別職非常勤職員	658 (85.0%)	15 (1.9%)	82 (10.6%)	5 (0.6%)	14 (1.8%)	774 団体
一般職非常勤職員	534 (75.0%)	16 (2.2%)	136 (19.1%)	17 (2.4%)	9 (1.3%)	712 団体
臨時的任用職員	1008 (85.9%)	13 (1.1%)	121 (10.3%)	13 (1.1%)	18 (1.5%)	1173 団体

注：複数選択可
［出所］ 総務省（2012）より作成。

（「臨時・非常勤職員及び任期付き短時間勤務職員の任用等について」総行公第26号，平成21年4月24日）を出し，さらに2014年7月にその改訂版として「臨時・非常勤職員及び任期付職員の任用等について」（総行公第59号，平成26年7月4日）を各地方自治体宛に「技術的助言」として出している[43]。この2014年総務省通知の内容は，地方自治体の臨時・非常勤等職員の処遇についての最近の国の基本方針を反映したものと思われる。よってここでは，2014年総務省通知の文言を引用しながら，臨時・非常勤等職員の給与処遇上の問題のなかでも特に重要と思われる臨時・非常勤職員の昇給と手当支給の問題に関しての国の方針について述べる。

まず臨時・非常勤職員の昇給の問題については，上記の総務省通知は，「同一の職務内容の職に再度任用され，職務の責任・困難度が同じである場合には，職務の内容と責任に応じて報酬を決定するという職務給の原則からすれば，報酬額は同一となることに留意すべきである」とし，「職務給の原則」を前面に出しながら再度任用時の昇給・昇格を否定している。だがその一方で同通知は，「なお，毎年の報酬水準の決定に際し，同一又は類似の職

---

[43] 両通知は内容的には類似しているが，細部については，近年の臨時・非常勤等職員の処遇改善運動の動向や，国会での議論，裁判事例などを反映した形で文言の細かな修正が加えられている。両通知の文言の対比や内容解説については，「官製ワーキングプア研究会」HPの当該箇所（http://kwpk.web.fc2.com/m4siryou5.html#20140723n1）も参照されたい。

種の常勤職員や民間企業の労働者の給与改定の状況等に配慮し，報酬額を変更することはあり得るものである」としてベースアップは否定せず，さらに，「また，同一人が同一の職種の職に再度任用される場合であっても，職務内容や責任の度合い等が変更される場合には，異なる職への任用であることから，報酬額を変更することはあり得るものである」として，職務内容や責任度の変更という条件付きで，再度任用時における昇給・昇格を認めるものとなっている（ただしこの昇給に関する記述については，同通知の文言は2009年総務省通知の文言と完全に同じである）。

　そして給与処遇上時に問題となる臨時・非常勤職員への手当支給の問題については，総務省通知は次のように述べる。すなわち同通知は，「地方自治法第204条において，常勤の職員（臨時的任用職員である者を含む。）及び非常勤の職員のうち短時間勤務職員（再任用短時間勤務職員，任期付短時間勤務職員及び育児短時間勤務に伴う短時間勤務職員）には，給料及び諸手当を支給することとされている。一方，同法第203条の2において，短時間勤務職員以外の非常勤の職員には，報酬及び費用弁償を支給することとされており，手当は支給できないものである」としている。

　ただし同通知は，時間外勤務に対する割増賃金について，「時間外勤務に対する報酬」として，労働基準法上の規定からも支給されなければならず，同法の規定に沿った形で「適切な対応」を行う必要があるとしている。そして，通勤費相当分については，費用弁償として支給することができ，支給する場合はその規定を整備するなどして「適切に対応」すべきとしている。また同通知は，「なお，同法第204条に規定する常勤の職員に当たるか否かは，任用方法ないし基準，勤務内容及び態様，報酬の支給その他の待遇等を総合的に考慮して実質的に判断されるものであり，地方公務員法上の任用根拠から直ちに定まるものではないとの趣旨の裁判例が存在することにも併せて留意が必要である」ともしている。

　このように2014年総務省通知は，昇給であれ，手当支給であれ，給与処遇上の問題についての方針は，従来からの通説的法解釈と総務省の考え方とを基本的に踏襲するものとなっている。ただし，非常勤職員への手当支給については，「適切な対応」の必要性に言及することによって，2009年総務省

通知などよりも若干踏み込んだ記述をしている。また，当該職員が「常勤の職員に当たるか否か」については「実質的に判断」すべきとして，形式的な判断に釘を刺すとともに，非常勤職員への手当支給をめぐる裁判の判断例にも注意を促している。これらの点は，近年の臨時・非常勤等職員の処遇改善運動や，国会での議論，裁判判例などを一定考慮したものと言えるであろう。

（4） 臨時・非常勤等職員の賃金処遇改善に向けて

地方自治体の臨時・非常勤等職員の賃金処遇改善の方策については，正規職員のそれと共通する部分がもちろんあるので，本書終章における記述も参照されたい。また，早川・松尾（2012）の第5章や終章の記述も参照されたい。

ただし，特に臨時・非常勤等職員特有の問題を踏まえつつ，その賃金処遇改善を念頭に置くならば，早川・松尾（2012）で述べたことと重複する面もあるが，以下のようなことが言えるであろう。

まず第1には，職務給原則や同一価値労働同一賃金原則に依拠しながら，同種の職務を遂行する正規職員の賃金水準へのキャッチアップを基本給のレベルでも追求していくことである（むろん手当部分については，非常勤職員への手当支給の壁になる上記のような法制度の盲点の改善を図る，あるいは常勤的な非常勤職員については実態に応じた対応を取ることが必要であろう）。

しかし，職務給原則や同一価値労働同一賃金原則だけでは，正規職員の職務とは明らかに差のある文字どおりの単純職務に従事するような臨時・非常勤等職員の賃金処遇を改善するには自ずと限度があると思われる。従って，第2には，臨時・非常勤等職員にもいわゆるジョブラダーを用意し，たとえ臨時・非常勤等職員として再度任用を繰り返すなかでも，より上位の職への任用を通じての賃金の向上を図ることは必要であろう。

第3には，より上位の職への任用が実現できなくとも，同じ職務の範囲内において何らかのキャリアラダーを作ることによって，能力向上に応じた形で職能等級のようなものの上昇を図ることである。言いかえればこれは，「職務給」的な評価基準（仕事基準）だけでなく，「職能給」的な評価基準（属人的基準）も併用しながら賃金改善を図るということである[44]。また，

仮に文字どおりの単純・定型的な同一職務を継続する場合であっても,「職務給」の建前どおりに昇給を認めないのではなく,習熟給や経験給のような形での昇給は認められるべきであろう。

第4には,生活保障給的な観点からの最低水準の確保や年齢別最低保障はやはり必要ということである。仮に,職務給的基準からも職能給的基準からも十分な賃金を支給できない場合には,賃金水準を保障する最後の拠り所は労働者個々人の生活保障という観点にならざるを得ないであろう。

なお,地方自治体の臨時・非常勤等職員の賃金水準は,地域の民間労働者の賃金水準,特に公共サービス関連民間労働者の賃金水準と無関係ではいられない。その意味では,公契約条例の制定等を通じた公共サービス関連民間労働者の賃金改善は,地方自治体の臨時・非常勤等職員の賃金改善にとっても重要な方策であることは最後に強調しておきたい。

---

44) この点に関しては,早川・松尾(2012)第5章でも紹介した東京都特別区A区における非常勤職員の職層制度はひとつのモデルとなりうる。

第5章
公務員賃金決定の社会・経済的影響

　序章で述べたように,公務員賃金[1]決定のあり方はつねにナショナルな性格を有している。この点,さらに歴史分析(第2章)および現状分析(第1章,第3章,第4章)において,これまで具体的に検討してきた。

　では,そのうえで,①公務員賃金決定の社会的影響範囲はどのようなものとして考えられるか,②公務員賃金決定は産業連関分析を通じてみた場合,経済的にどのような影響を及ぼしていると考えられるかが,第5章の考察課題である。

1　公務員賃金決定の社会的影響

　公務員賃金決定の社会的影響範囲に関しては,これまで1982年の人事院勧告の実施見送りの際,その影響範囲が問題化した。近年ではとくに2012～13年,国家公務員賃金の平均7.8％引き下げを契機に改めて論じられた[2]。

---

1) 以下,用語として「賃金」と「給与」を厳密に使い分けるのは困難ではあるが,第5章では,国家公務員法など法律に関わる場合や政府側の記述に沿う場合など文章表現上,用語として「給与」が自然な場合は原則として「給与」という語を用い,それ以外は「賃金」を用いることにする。
2) 1982年の人事院勧告実施見送り以前に,勧告の社会的影響を論じたものとしては,早川征一郎・松井朗(1979)がある。1982年の人事院勧告実施見送りとその社会的影響については,早川征一郎「人事院勧告凍結問題」(法政大学大原社会問題研究所『日本労働年鑑』第54集,1984年版(労働法律旬報社)が論じている。
　2000年代に入ってからでは,山瀬徳行「2001年公務大産別のたたかい」(国公労連『国公労調査時報』2001年2月号,No.458),労働運動総合研究所「公務員人件費を『2割削減』した場合の経済へのマイナス影響と,その特徴について」(2011年)などがある。なお,第5章2は,労働運動総合研究所による試算結果を掲げている。

それらを念頭におきつつ，以下，具体的に検討しよう。

公務員賃金決定という場合，①人事院勧告関連の国家公務員賃金の決定と，②人事院勧告を目安にしつつ，賃金決定制度としては独立性を持っている地方公務員賃金の決定という2つの場合が中心になる。もっとも，地方公務員の賃金決定は，毎年，人事院勧告が出されたあとに，それに準拠して決められているので，全く無関係の独立性を有しているわけではない[3]。

以下，公務員賃金決定の社会的影響範囲を明らかにするために，国家公務員賃金決定と地方公務員賃金決定のそれぞれの影響範囲をひとまず分けて検討することにしよう。とはいえ，そのどちらかに截然と区分けできない場合もあり得る。その場合は，便宜上，どちらかに区分けし，それぞれの個別事例について述べる際にその旨，コメントすることにしたい。

（1） 人事院勧告適用の国家公務員

最初に確認したいのは，人事院勧告適用の国家公務員である。具体的には，一般職の職員の給与に関する法律（昭和25，法95，以下，給与法と呼ぶ）適用の国家公務員である。もっと正確にいえば，給与法第6条に規定する行政職俸給表（一）など11種類17表にわたる俸給表適用の一般職国家公務員である。その数は，2015年3月末現在で，約27万5千人である[4]。

そのほかに，人事院勧告適用の国家公務員といえば，毎年の人事院勧告で日額が示される委員顧問参与等の非常勤職員がいる。その数は，2014年7月現在，約2.3万人である[5]。

以上が，人事院勧告の直接適用を受ける一般職の国家公務員であるが，そのうち，非常勤職員を除く常勤の一般職国家公務員の給与水準や給与体系が，社会的影響範囲を論じる際の母集団としての意味を持っている。

---

[3] この点，詳しくは第4章を参照されたい。
[4] 以下，国家公務員の人数は2015年3月末現在の予算定員である（人事院『公務員白書』（平成27年版）による）。
[5] 内閣官房内閣人事局『一般職国家公務員在職状況統計表』（平成26年7月1日現在）による。

（2） 人事院勧告準拠の国家公務員

　人事院勧告の直接適用を受ける一般職の国家公務員のほか，人事院勧告の直接適用ではないが，人事院勧告に準拠することが法制度的に明らかな一般職および特別職の国家公務員がいる。

① 検察官

　一般職国家公務員ではあるが，人事院勧告の直接適用ではないのが検察官である。検察官の給与は，給与法の適用ではなく，検察官の俸給等に関する法律（昭和23，法76），とくに第2条別表の適用を受け，一般には裁判官との処遇均衡の関係において決められる。同時に，給与法における指定職および公安職の各俸給表適用者との均衡も考慮されている。その人数は約3千人である。

② 特別職国家公務員

　特別職国家公務員については，特別職の職員の給与に関する法律（昭和24，法252）によるほか，裁判官および裁判所職員，国会職員，防衛省職員，国会議員の秘書など，さらに個別法によって決められる場合がある（表2-1，36頁参照）。そのいずれも人事院勧告準拠は明白である。

　実際，毎年の人事院勧告が出されたあと，その実施については，一般職については給与法改定，特別職については人事院勧告に準拠したそれぞれの法律が改定され，実施される。その人数は約29.9万人である。

③ 行政執行法人（旧特定独立行政法人）職員

　一般職の国家公務員ではあるが，行政執行法人（旧特定独立行政法人）の職員の場合，人事院勧告の適用対象ではなく，行政執行法人の労働関係に関する法律（昭和23，法257）に基づき，当該法人における労使の団体交渉によって賃金が決められる。団体交渉で決まらない場合の調停・仲裁などの賃金紛争調整機関は中央労働委員会である。そうした法制度上の賃金決定の仕組みからいえば，独立性を持っているといえなくもない。

だが別に，独立行政法人通則法（平成11年，法103）における次の規定が決定的に重要な意味を持っている。すなわち，「行政執行法人の職員の給与は，その職務の内容と責任に応じるものであり，かつ，職員の発揮した能率が考慮されるものでなければならない」（第57条1項）と規定されたあと，「[職員の給与の基準は]一般職の職員の給与に関する法律の適用を受ける国家公務員の給与を参酌し，かつ，民間企業の従業員の給与，当該行政執行法人の業務及び事業計画の……人件費の見積もりその他の事情を考慮して定められなければならない」（第57条3項）と規定され，その団体交渉には大きな枠組みが与えられている。

また，実態的に見ても，かつて春闘における賃金決定のウェイトが大きく，同時に3公社5現業当局の当事者能力不足に由来する公労委（公共企業体等労働委員会）仲裁裁定が大きな意義を持っていた時期とくらべ，今日，当該労使による賃金決定の独自性はきわめて小さくなっている。しかも，沿革からいえば，行政執行法人には，造幣局，国立印刷局といった旧現業機関だけでなく，以前は総理府の附属機関であった統計センター，国立公文書館なども含まれている。

そのような意味合いから，国家公務員賃金（人事院勧告）準拠だといって差しつかえない。その人数は，2015年1月現在，約6.7万人である[6]。

④ 非常勤の一般職国家公務員

非常勤の一般職国家公務員のうち，委員顧問参与等職員を除く非常勤職員の給与は，「常勤の職員の給与との権衡を考慮し，予算の範囲内で」（給与法第22条2項），各庁の長によって決められる[7]。それ故，人事院勧告準拠であることは明白である。その人数は，2014年7月現在で，委員顧問参与等

---

6) 総務省HPによる。ただし，このうち5.9万人は国立病院機構の人数である。国立病院機構は2015年4月，特定独立行政法人から非公務員型の中期目標管理法人に移行したが，総務省HPによれば，平成28年度以降においても，「行政執行法人の常勤職員数」として引き続き国会報告を行うものとされている。
7) 詳しくは，第3章4「非正規国家公務員の現状と賃金」を参照されたい。

職員を除くと約 11.8 万人である[8]。

（3） 国家公務員賃金（人事院勧告）準拠の事例―①

以上の（2）に掲げた事例は，法制度的に人事院勧告準拠が明らかな事例であり，いずれも国家公務員であった。以下に検討したいのは，国家公務員ではないが，法制度上，実態上，国家公務員賃金（人事院勧告）準拠が明らかな事例である。

①　独立行政法人職員

独立行政法人は，かつては特殊法人あるいは政府関係機関などと呼ばれ，高度成長期以降，その数を増してきた。だが，2001年の中央省庁再編以降，特殊法人等改革基本法（平成13年，法58）に基づき，これまでの特殊法人や認可法人は，廃止，民営化あるいは独立行政法人への移行など画期的な見直しが行われてきた。

さらに，2015年4月以降，独立行政法人は，従来の特定独立行政法人と一般の独立行政法人という区分けから，新たに行政執行法人，中期目標管理法人，国立研究開発法人に区分けされるようになった。その数は，2015年4月現在，98法人である。

国家公務員である行政執行法人を除く独立行政法人の職員は，公務員ではないが，職務の内容が公務に準じる公益性や公共性を有している者や公務員の職務を代行するものとして刑法の適用について公務員としての扱いを受ける者という意味で，みなし公務員と呼ばれている。

その労働関係は，労働基準法および労働組合法の適用を受け，当該法人における団体交渉を通じて賃金労働諸条件を決定できるという建前になる。だが，すでに行政執行法人を検討する際に参照した独立行政法人通則法によって，その団体交渉はその枠組みにおいて，大きく制約されている。

すなわち，「[職員の給与の基準は]一般職の職員の給与に関する法律の適

---

8) 内閣官房内閣人事局『一般職国家公務員在職状況統計表』（平成26年7月1日現在）による。

用を受ける国家公務員の給与を参酌し，かつ，民間企業の従業員の給与，当該行政執行法人の業務及び事業計画の……人件費の見積もりその他の事情を考慮して定められなければならない」（第50条の十および十一）と明確に規定されている[9]。

それだけでなく，毎年の公務員給与改定の際，「国家公務員の給与水準を十分考慮し国民の理解が得られるよう適正な給与水準とするよう厳しく見直すことを要請する」という閣議決定が行われている[10]。

それ故，独立行政法人については，その成り立ちおよび現状の実態いずれからしても，国家公務員賃金（人事院勧告）準拠であるといえる。その人数は，2012年4月現在，7.9万人である[11]。

② **国立大学法人教職員**

旧国立大学教職員は，国家公務員であった当時は，人事院勧告および給与法の適用を受け，行政職俸給表や教育職俸給表などが適用されていた。だが，2004年4月，国立大学が法人化されたのにともない，その身分はみなし公務員とされ，現在に至っている。

その労働関係は，労働基準法および労働組合法の適用を受け，当該法人における団体交渉を通じて賃金労働諸条件を決定できるという建前になる。この点は，行政執行法人を除く独立行政法人と同じである。

だが，国立大学法人法（平成15年，法112）によれば，教職員の給与および給与基準に関しては，独立行政法人通則法の当該規定を準用することとなっている（第35条）。この国立大学法人の教職員の場合も，国家公務員賃金（人事院勧告）が重要な意味を持っているのは明らかである。人数は，2015

---

9) なお，行政執行法人の場合の規定，すなわち，「その職務の内容と責任に応じるものであり，かつ，職員が発揮した能率が考慮されるものでなければならない」という規定は，中期目標管理法人および国立研究開発法人である独立行政法人の場合には設けられていない。
10) 内閣官房行政改革推進本部「特殊法人等の役職員の給与等の水準（平成25年度）」による。
11) 総務省HPによる。行政執行法人の職員数を差し引いた人数である。

年5月現在，約14.3万人である[12]。

③ 駐留軍労働者

在日米軍基地で働く駐留軍労働者[13]も国家公務員賃金（人事院勧告）準拠である。戦後の一時期，国家公務員とされた時期があった。だが，1952年，日米安保条約第6条とそれに基づく日米地位協定第12条4項によって，日本政府が雇用し，米軍に提供する間接雇用方式のもとに置かれ，現在は雇用主が日本政府（防衛大臣），使用者は米軍というかたちになっている。

なお，駐留軍等労働者労務管理機構は，駐留軍労働者の雇い入れ，提供，労務管理，給与や福利厚生に関する業務を行っている防衛省所管の独立行政法人である。

1952年＝法律第174号[14]によって，国家公務員ではなく，労働三法が適用される民間労働者と位置づけられた。だが，米軍基地が"米国の主権"下に置かれて，日本の法令を課することが著しく制限されていることから，その実態は公務員でもなく，国内労働法令に基づく労働諸条件の保護や権利という点では民間労働者並みでもない特殊な位置に置かれている。

その駐留軍労働者の給与に関しては，1952年＝法律第174号において，「駐留軍労働者の給与は，その職務の内容と責任に応じるものでなければならない」（第9条1項）とされ，「給与その他の勤務条件は，生計費並びに国家公務員及び民間事業従業員における給与その他の勤務条件を考慮して，防衛大臣が定める」（第9条2項）と規定されている。

実際，その給与については，俸給表といった給与体系で国家公務員に準拠しており，ベースアップについても人事院勧告と「同時・同率」が慣行化し

---

12) 文部科学省『学校基本調査』（平成27年版）による。
13) 以下の叙述にあたっては，全駐留軍労働組合『駐留軍労働者のステータスの確立』（2008年），『在日米軍基地の労働と地域』（2010年）および駐留軍労働者労務管理機構HPなどを参照している。
14) 法律名は大変，長いので，通常は，「昭和27年＝法律第174号」あるいは「1952年＝法律第174号」と略される場合が多い。正式名称：日本国との平和条約の効力の発生及び日本国とアメリカ合衆国との間の日米安全保障条約第3条に基づく行政協定の実施に伴い国家公務員法の一部を改正する等の法律。

ているといわれる[15]。その人数は，2013年3月現在，約2.5万人である[16]。

　以上，法制度上および実態上，人事院勧告ないし国家公務員賃金準拠が明らかな事例について考察してきた。人数については，概数を掲げたが，可能なかぎり新しい人数を把握するように努めてきた。ただし，以上に掲げた人数は，いずれも正規雇用者の人数である。
　それぞれの場合について，非正規雇用の人たちが大量に存在するのは確かである。非常勤の国家公務員の賃金が常勤の国家公務員賃金（人事院勧告）に準拠しているのと同様に，非正規の人たちも，正規雇用者の賃金に準拠しているのは確かだと思われるが，その人数の把握は困難であり，ここでは掲げていないことをとくに断っておきたい。

（4）　国家公務員賃金（人事院勧告）準拠の事例—②

　国家公務員賃金（人事院勧告）準拠の事例として，これまで検討してきたのは，国家公務員であるか，あるいは公的セクターに属する事例であった。
　以下，まず検討したいのは，特殊法人および認可法人の職員であり，ついで日本郵政グループの職員，そして私立学校教職員および民間病院等従事者である。
　特殊法人は，その多くが，廃止，民営化ないしは独立法人化されたが，現在，民営化された旧国鉄・電電・たばこ専売の3公社や郵政・アルコールという現業のほか，高速道路，政府系金融機関，日本年金機構などが主なところとなっている。そのうち，郵政グループについては別に検討する。
　認可法人は，特別な法律に基づき，民間の発意により設立されたものと定義されている。法的仕組みとして国家公務員賃金（人事院勧告）準拠とはいえないとしても，実態上はやはり準拠の事例だと考えられる。
　日本郵政グループは，明治期以来，逓信あるいは郵政現業機関であったが，郵政民営化の一環として，2003年に公社化され，その後，2007年に株式会

---

15)　前掲，全駐留軍労働組合『在日米軍基地の労働と地域』による。
16)　駐留軍労働者労務管理機構HPによる。

社化され，大きく変貌しつつある。とはいえ，長年の歴史的経緯があり，実態上，やはり国家公務員賃金（人事院勧告）準拠だと考えて差しつかえない。

他方，私立学校および民間病院は，いわゆる民間部門であり，その場合の労働関係は労働組合法の適用下にあり，賃金など労働諸条件はそれぞれの当該労使の関係において自主的に決定される。これまで検討した事例と異なり，法制度上，国家公務員賃金（人事院勧告）に準拠するといった制約はない。ところが，実態上では，国家公務員賃金（人事院勧告）準拠がきわめて多いといわれている。ただし，そのことを裏づける実証的データは実は大変乏しい。推測を含め，可能な検討を行うしかない。

その点，かつて衆議院総務委員会において，人事院勧告の社会的影響について議論された際，人事院の担当官は次のように述べている[17]。

「［学校，病院などで約140万人という数字を挙げた理由について］病院あるいは学校といいますのは，職種において公務員に準拠する職種，つまり，学校の先生であるとか，医療関係の労働者，お医者さんを含めまして看護婦あるいは薬剤師さんとか，そういった方々の賃金，従来，公務員の賃金がいわば目安になって決まってきたという歴史的なといいましょうか，そういったことがあるものですから，影響が非常に濃い。」。

このように，「確証を持って申し上げている数字ではない」と断りつつも，人事院勧告の社会的影響範囲として，学校や病院を含めているのは，きわめて興味深い。

以下，まず，特殊法人，認可法人を検討し，ついで私立学校教職員および民間病院等従事者の場合を考察することにしよう。

① 特殊法人職員

特殊法人は，2015年4月現在，33法人ある。職員数の多いのは，電信電話，JR，たばこ産業という旧3公社と郵政，アルコール産業など旧現業のほか空港，地下鉄，高速道路，NHK，それに日本年金機構および政府系金融機関などである。旧3公社5現業のうち，日本郵政グループは別に検討するこ

---

[17] 衆議院総務委員会会議録第19号（平成21年5月21日付）による。

とにしよう。

特殊法人は，労働関係では労働組合法適用であり，賃金労働諸条件は労使の団体交渉によって決めることができる。その意味で，団体交渉にあたっての法的制約はない。また，独立行政法人通則法のような法的縛りもない。

ただ，実態上は国家公務員賃金（人事院勧告）準拠であることは明白である。毎年の給与法改定にあたって，閣議決定では次のように取り決めている。「特殊法人等の役職員の給与改定に当たっても，国家公務員の給与水準を十分考慮して国民の理解が得られる適正な給与水準となるよう厳しく対処するとともに，必要な指導を行うなど適切に対応する[18]。」

このことからも，国家公務員賃金（人事院勧告）準拠であることは明らかであろう。ただし，上記の閣議決定に基づき，内閣官房行政改革推進本部は，毎年，特殊法人等の役職員の給与水準についての調査を行い，公表しているが，その対象から，旧3公社5現業関係および空港，高速道路，地下鉄，NHKなどは除かれている。それらについて，別に国家公務員賃金（人事院勧告）準拠を裏づけるデータは明らかではない。

したがって，人数については，それらを除いて考えざるを得ない。ここでは，2014年4月現在，約2万人としておこう。

② 認可法人の職員

認可法人は，かつては多かったが，2001年の中央省庁再編後，順次，独立行政法人化ないしは民間法人化されていった。現在は日本銀行，日本赤十字社をはじめ，数えるほどしかない。

それぞれの賃金は独自に決定できるという建前ではあるが，実態上は国家公務員とくに行政職，研究職などとの比較や人事院勧告水準などの動向が大きく作用する。その人数は，ここでは日本銀行と日本赤十字社の人数だけであるが，約7.1万人である[19]。

---

18) 内閣官房行政改革推進本部「特殊法人等の役職員の給与等の水準（平成25年度）」による。
19) それぞれのHPによる。

③ 日本郵政グループ職員

郵政職員は，戦前の明治期から引き続く，いわゆる現業職員であり，戦後，長年の間，国家公務員であった。だが，2003年4月，郵政民営化の道程の一環として，郵政事業は公社化されて国家公務員ではなくなり，2007年10月，日本郵政公社の解散にともなって，郵政民営化法（平成17年，法97）に基づく日本郵政グループ職員となり，現在に至っている。

その労働関係は，戦後，長らく公労法適用下にあり，公労委の調停・仲裁裁定が大きな意味を持っていた。だが，2003年4月以降，独立行政法人と同じく，労働基準法および労働組合法の適用を受け，当該法人における団体交渉を通じて賃金労働諸条件を決定できるという建前になっている。

郵政公社の時期は，独立行政法人通則法第50条十，十一と同様，日本郵政公社法（平成14年，法97）によって，「職員の給与は，その職務の内容と責任に応じるものであり，かつ，職員が発揮した能率が考慮されるものでなければならない」（第54条1項）とされ，「[給与の基準は] 一般職の職員の給与に関する法律……の適用を受ける国家公務員の給与，民間事業の従業員の給与，公社の経営の状況その他の事情を考慮して定められなければならない」（第54条3項）と規定されていた。

だが，郵政民営化法には同様の規定はない。ただ，公社時代の労働協約の承継（第171条）が規定されている。それ故，法制度上，団体交渉における制約条件は課せられていないが，長年の郵政現業としての歴史および郵政公社時代の経緯から，全く自由になったとは考えられない。

実際，その給与体系は，職務給原則に基づく要素と民間志向の成果主義的な要素との組み合わせからなっているが，水準決定にあたっては，国家公務員賃金（人事院勧告）が重要な意味を持っていると考えて差しつかえない。人数は，2013年4月現在，約22.6万人である[20]。

---

[20] 日本郵便株式会社『日本郵政グループの概要』（平成26年4月）による。ただし，正社員だけの人数である。

④ 私立学校教職員

　私立学校教職員の場合，国家公務員賃金（人事院勧告）に準拠しているケースはきわめて多いといわれている。準拠の内容は，①俸給表において，給与法に定める教育職俸給表などを使っているケース，②毎年の賃金改定にあたり，人事院勧告に準拠するといったケースである。③もちろん，その両者といった意味内容の場合がほとんどだと推測される。

　もっとも，そうした推測を裏づけるデータは，実はきわめて乏しい。古いデータではあるが，日本学術会議科学者の待遇問題委員会による私立大学における賃金決定要素を調べた調査によれば，調査した私立大学の約半数近い46.8％が，人事院勧告準拠だと答えている[21]。

　また，人事院勧告準拠だとしても，実際は"根切り準拠"になっていることを指摘している研究もある[22]。すなわち，①実施時期を勧告よりも遅らす例，②俸給表で高位号俸をカットし，頭打ちを早くする例，③高位号俸で定昇期間を延伸する例などであった。

　賃金改定における決定要素や賃金体系などは，短期間に様変わりするものではないと想定されるので，そうした実証データは現在にも通用すると考えられる。ただ，私立大学を除く他の学校の場合，どれだけの比率で人事院勧告準拠だといえるかについては，全くデータがないのが現状である。

　そうしたデータ不足という事情に鑑み，私立学校全体でどれだけの人数が国家公務員賃金（人事院勧告）準拠かを測定するのは不可能である。それ故，人数については，2015年5月現在，教職員合計の全体数である約52.6万人としておくにとどめる[23]。

⑤ 民間病院等従事者

　民間病院等に勤務する医師，各種技師・薬剤師，看護師などが，国家公務員賃金（人事院勧告）準拠であることは容易に推測しやすい。それぞれの職

---

21) 日本学術会議科学者の待遇委員会『大学教員―その待遇の実態』(1974年), p.43.
22) 尾形憲「私立大学教職員の賃金実態」(法政大学経済学会『経済志林』, 1974年, 41巻2号).
23) 文部科学省『学校基本調査』(平成27年版) による。

種は，国家資格を必要とし，それだけに職務給原則になじみやすい。労働市場も，一定の横断性を有しているといわれる。

国立ハンセン病療養所など給与法適用の国家公務員の場合，医療職についての俸給表は（一）～（三）の3種類ある。国立病院は，2004年4月，独立行政法人国立病院機構に移行したが，その医療職の俸給表も国と同様である[24]。

そうした国立関係の医療職種の給与体系や水準決定に準拠し，体系や水準が決定されているといわれるが，実態についてのデータは乏しい。

その人数についてであるが，厚生労働省統計によれば，医療関係従事者は，2013年10月現在，常勤換算で約200万人である[25]。ただし，国公立とその他の内訳が明らかではない。ここでは暫定的に，注記の理由により，約200万人の半分，100万人程度と見積もっておくことにしよう[26]。

（5） 国家公務員賃金（人事院勧告）または地方公務員賃金準拠の事例

国家公務員賃金（人事院勧告）または地方公務員賃金準拠の事例として，とくに公益法人の職員を別記しておこう。

公益法人の職員

これまで民法の規定に基づき，明治期以来，続いてきた公益法人制度は，法人設立の主務官庁制・許可制のもとで，法人の設立と公益性の判断が一体となっていた。2008年12月，公益法人制度改革三法の施行にともない，主務官庁制が廃止され，法人の設立と公益性の判断が分離され，創設された一般社団法人と一般財団法人という2類型のもと，行う事業の公益性の有無にかかわらず，準則主義（登記）により，簡便に法人格を取得できるようにな

24） 2004年4月，国立病院は，独立行政法人国立病院機構に移行し，特定独立行政法人とされてきたが，2015年4月，さらに特定独立行政法人から中期目標管理法人に移行した。
25） 厚生労働省『病院報告』（平成25年版）による。
26） 先に引用した人事院担当官による学校・病院，約140万人のうち，私立学校関係が約52.6万人とすると，残りは約90万人程度である。ただし，医療従事者は毎年，増加しているので，100万人程度という数字が大まかな目安になると考えられる。

った[27]。

　このように，公益法人制度自体は大きく改革されたが，公益法人の圧倒的大部分が，旧公益法人からの移行であり，それ故，それぞれの設立の由来に関わる国および地方公共団体との関係がきわめて強い。賃金についても同様であり，国の所管については国家公務員賃金（人事院勧告），都道府県所管については関連する地方公務員賃金にそれぞれ準拠している。その給与規程に職務給原則を規定するところや，公務員の俸給表に準じた俸給表を使っているところなどが見受けられる[28]。

　新しい公益法人の数は，2014年12月現在，国（内閣府）所管が2,334法人（25.1%），都道府県所管が6,966法人（74.9%）である。職員数は，2014年12月現在，24万286人である[29]（非常勤職員48,601人を含む）。

　職員数の約23%は国所管の公益法人であり，76%が都道府県所管の公益法人である。したがって，その比率に基づき，約24万人のうち，国家公務員賃金（人事院勧告）準拠が約5.5万人，地方公務員賃金準拠が約18.3万人と推算しておくことにしよう。

（6）　地方公務員賃金と準拠の事例

　次に検討したいのは，地方公務員賃金への準拠の事例である。もちろん，先に述べたように，基本的には国家公務員賃金（人事院勧告）準拠の大枠の中で，①から④以外は，どちらかといえば，直接的には地方公務員賃金準拠である事例を意味する。

① 一般職地方公務員

　まず，地方公務員賃金準拠の母集団としての一般職地方公務員賃金である。毎年の人事院勧告のあと，人事委員会が設置されている地方自治体では，人

27）　公益認定は，第三者委員会による公益性の審査を経て，行政庁（内閣府または都道府県）から受け，公益社団・公益財団として税制上の優遇措置を受けることができる。
28）　たとえば公益財団法人日本体育協会や公益財団法人世田谷区スポーツ振興財団の給与規程などをはじめ，インターネット検索をつうじ，事例を多く挙げることができる。
29）　内閣府『平成26年公益法人の概況』による。

事委員会勧告を経て，条例で決定される[30]。公営企業部門を除く人数は，2014年4月現在，約238.4万人である[31]。

② 地方公営企業職員

一般職の地方公務員ではあるが，地方公営企業職員および単純労務職員については，人事委員会等の勧告ではなく，地方公営企業労働関係法（昭和27年，法289）が適用され，団体交渉によって賃金が決定されるというのが建前である。

ただし，実態上，給与体系では，職務給原則や諸手当制度において一般行政部門の地方公務員と同様であり，水準に関しては人事委員会勧告等による決定にほぼ準拠しているといって差しつかえない。その人数は，2014年4月現在，約35.9万人である[32]。

③ 特別職地方公務員

特別職地方公務員が，一般職地方公務員の賃金に準拠しているのは明らかであろう。常勤の場合はもちろん，非常勤の日額の場合も同様である。また，本来の特別職のほか，近年とくに増加している一般職の臨時・非常勤職員と職種が重なる非常勤職員の場合，常勤職員との「権衡」が考慮される。人数は，2013年4月現在，約9万人である[33]。この人数には非常勤の特別職も数えられるが，次の④に含まれる臨時・非常勤職員を除いた人数である。

④ 自治体臨時・非常勤職員

一般職の臨時・非常勤の地方公務員の場合，非常勤国家公務員と同様，常勤職員給与との「権衡」によることは論をまたない。それ故，常勤の一般職地方公務員賃金に準拠しているといえる。特別職の非常勤職員の場合，地方公務員法の適用外ではあるが，その場合も，一般職の臨時・非常勤公務員と

---

30) 詳しくは，第4章を参照されたい。
31) 総務省『地方公共団体定員管理調査』（平成26年）による。
32) 総務省『地方公共団体定員管理調査』（平成26年）による。
33) 総務省『地方公務員給与実態調査』（平成25年）による。

同様であることは明らかであろう。

　人数については，2012年4月現在，総務省調査による60.4万人が確かめられた数値である[34]。ただし，別の自治労調査（2012年6月現在）によれば，優に70万人を超えると推測されている。

⑤　地方独立行政法人の職員

　2001年の中央省庁再編後，中央および地方で行政組織の独立行政法人化などの組織改変が相ついだ。地方独立行政法人法（平成15年，法118号）に基づく，地方独立行政法人の設立はその一環である。

　その結果，これまでの公立大学は特定地方独立行政法人として，公立の病院，試験研究機関などは一般地方独立行政法人として，それぞれ相ついで独立行政法人化された。特定地方独立行政法人の職員は，地方公営企業法適用の地方公務員であり（第47条），一般独立行政法人の職員は労働組合法適用の非公務員型とされた。

　給与基準では，特定地方独立行政法人の職員は，職務給原則のもと（第51条1項），同一または類似の国および地方自治体や他の独立行政法人の職員，民間の給与および業務実績や人件費見積もり，その他の事情を考慮して決められる（第51条3項）。

　常勤の一般職地方公務員の場合とくらべ，国（とくに国立大学法人）の場合との均衡が法律で規定されている点は異なるが，基本的には財源など諸事情から地方公務員賃金準拠であることは明らかであろう。

　一般地方独立行政法人の職員の場合，職務給原則の規定はなく，勤務実績を考慮すること（第56条1項），「当該一般地方独立行政法人の業績を考慮し，かつ，社会一般の情勢に適合したものとなるように」定めることと規定している（第57条3項）。

　特定地方独立行政法人の場合とくらべ，業績・勤務実績反映型の賃金決定を志向しているのは明らかであるが，移行前の賃金労働諸条件を全く承継せず，新たに出発しているとは考えられない。全体として地方公務員賃金準拠

---

34)　総務省『臨時・非常勤職員に関する調査結果』（平成24年4月）による。

だと考えて差しつかえない。

地方独立行政法人の人数は，2014年3月現在，地方公共団体出向者を除き，約5.0万人である[35]。

⑥　地方公社，第三セクターの職員

土地開発，道路，住宅供給などの地方公社および地方公共団体が出資する第三セクターは，地方公共団体出向者が多いことからも，地方公務員賃金に準拠しているのは明らかであろう。また，嘱託などの形での退職者も多い。

地方公社の場合，職員賃金は関連自治体の俸給表や行政職賃金に準じる場合が多い。第三セクターの場合，経営は概して良好とはいえず，準拠といっても，水準では及ばない場合が多いといわれる。

人数は，2014年3月現在，約21万人である[36]。この人数は，地方公共団体からの出向者約2.8万人を除いた人数である。ただし，先の公益法人の職員との重複があり得るが，その人数は不明である。

⑦　農協・漁協・森林組合の職員

農業協同組合，漁業協同組合，森林組合などの職員も，地方公務員賃金準拠といわれる。いずれも地方公共団体との関係が強い組織である。とりわけ農業協同組合は戦後，とくに1961年以降，市町村を単位に組織化されてきた。森林組合も町村単位が多い。そうした沿革からしても，地方公務員賃金準拠は明らかであろう。

それぞれの人数は，農業協同組合，2014年8月現在，約8千人，漁業協同組合，2013年3月現在，約1.2万人，森林組合，2013年3月現在，約7千人，合計人数は約2.7万人である[37]。

---

35)　総務省『第三セクター等の状況に関する調査（平成26年度）』による。
36)　総務省『第三セクター等の状況に関する調査（平成26年度）』による。
37)　JA全農HP「事業概要」，農林水産省『漁業協同組合の職員に関する一斉調査』（平成25年度），農林水産省『森林組合一斉調査』（平成25年度）による。

⑧　社会福祉関係従事者

　保育士，介護職員，生活指導・支援員など社会福祉関係の従事者も地方公務員賃金準拠であるといわれるが，実態としては，とうてい及ばず，その賃金労働諸条件の劣悪さが目立っている。とりわけ最も人数の多い保育士（約37万人）の場合，国や都道府県の負担金・補助金が運営費の大きな割合を占め，地方公務員である公立保育士の賃金が目安になるが，実際はいつも追いついていない。社会福祉関係従事者の人数は，2013年10月現在，約84万人である[38]。

（7）　まとめ　公務員賃金決定の社会的影響

　以上，これまで公務員賃金決定に準拠する個々の事例を検討し，それぞれのおおよその人数を把握してきた。そこで，それらを一覧表にまとめると，表5-1のようになる。

　公務員賃金決定の社会的影響範囲とその人数として把握できる総数は，約770万人である。日本の雇用者総数は，現在，約5,600万人であるから，雇用者総数の約14％（13.7％）を占める人たちが，公務員賃金決定の社会的影響範囲として把握できるということになる。

　とはいえ，この数値は実はまだ内輪な数値である。それぞれの事例のほとんどの場合，人数として把握できない膨大な数の非正規雇用者がいる。総務省『労働力調査』における雇用者に占める非正規比率は約37％であるから，それに基づき，国および地方公務員を除いて推計すると，約120万人余となる。その賃金が，正規雇用の常勤の人たちの賃金に準拠しているのは，国および地方公務員の事例からも明らかであろう。

　また，今回，把握しきれていない人たちもいる。とくに公的セクターと民間セクターのグレーゾーンに位置する場合などである。たとえば，かつて認可法人であった自動車安全運転センター，企業年金連合会，日本商工会議所など，その後，特別な法律による民間法人となった事例，あるいは地方自治体関連では市民会館などの公的施設等々，枚挙にいとまがない。

---

38)　厚生労働省『平成25年社会福祉施設等調査』による。

表5-1 公務員賃金決定の社会的影響範囲とその人数

準拠区分	人数（万人）	データ出典
国家公務員		
常勤（人勧適用）	27.5	人事院『公務員白書』（平成27年版）
検察官	0.3	同上
特別職	29.9	同上
行政執行法人	6.7	総務省HP
非常勤	14.1	内閣人事局『一般職国家公務員在職状況統計表』
独立行政法人	7.9	総務省HP
国立大学法人	14.3	文科省『学校基本調査』（平成27年版）
駐留軍	2.5	駐留軍労働者労務管理機構HP
特殊法人	2.0	内閣官房『特殊法人等役職員給与水準』（平成25年度）
認可法人	7.1	日銀，日本赤十字社各HP
郵政グループ	22.6	日本郵政K.K.『日本郵政グループ概要』（平成26年）
私立学校	52.6	文科省『学校基本調査』（平成27年版）
民間病院等	100.0	厚労省『病院報告』（平成25年版）ほか
公益法人	24.0	内閣府『平成26年公益法人の概況』
地方公務員		
一般職	238.4	総務省『地方公共団体定員管理調査』（平成26年）
地方公営企業	35.9	同上
特別職	9.0	総務省『地方公務員給与実態調査』（平成25年）
臨時・非常勤	60.4	総務省『臨時・非常勤職員調査結果』（平成24年）
地方独立行政法人	5.0	総務省『第三セクター等の状況調査』（平成26年度）
地方公社・第三セクター	21.0	総務省『第三セクター等の状況調査』（平成26年度）
農協・漁協・森林組合	2.7	JA全農HP，農水省調査2件（第5章注37参照）
社会福祉関係	84.0	厚労省『平成25年社会福祉施設等調査』
合計	767.9	

　さらに，毎年の人事院勧告→地方公務員→公的セクターといったそれぞれの賃金決定を受けて，とくに地方の民間中小零細企業への波及も無視できない。そうした賃金決定の波及サイクルを念頭に置くと，公務員賃金決定の社会的波及範囲，人数は，第5章1で具体的に論じた範囲と770万人程度の人数では済まず，もっときわめて広汎に及んでいると考えられる。

　公務員賃金決定が，つねにナショナルな性格を帯びているということは，

そうした社会的影響範囲の及んでいる広さからも，改めて確認することができる。それだけに，21世紀に入っての公務員賃金の厳しい抑制とその波及効果は無視できない。

賃金水準の「正」の波及サイクル＝「上方修正」の波及サイクルの形成ではなく，民間賃金抑制の結果としての公務員賃金抑制とその波及により，さらに民間賃金抑制へと波及する「負」の波及サイクル＝賃金水準の「下方修正」の波及サイクルが形成されている。それが，国民経済および国民生活にとって，健全で望ましい波及関係でないことはいまや明らかであろう。

2　公務員賃金決定の経済的影響

はじめに―本稿の課題

公務員賃金決定の経済的影響については，二つの視点で考察してみることとしたい。

一つは，国家公務員賃金が引き下げられた場合，日本経済や地域経済にどれほどの悪影響を及ぼすかであり，二つは，国家公務員賃金の地場賃金化の傾向が及ぼす波及効果についてである。

第一の点に関しては，2012年度から2013年度にかけて国家公務員賃金が人事院勧告を無視して平均7.8％にものぼる引き下げが強行されたことを契機に，労働運動総合研究所（以下，労働総研と呼ぶ）と京都自治体労働組合総連合（以下，京都自治労連と呼ぶ）が，国家公務員賃金が引き下げられることによる経済への悪影響試算を発表しており，また，人事院が2014年に，総合的見直しによって俸給表水準を平均2％引き下げるとともに，民間賃金の高い地域に対しては地域手当の支給率の引き上げと支給範囲の拡大を行ったことに対して，日本国家公務員労働組合連合会（以下，国公労連と呼ぶ）が，国家公務員賃金が2％引き下げられたことによる各県経済への悪影響試算を行っている。

国家公務員賃金が多くの民間労働者の賃金に影響することは古くから言われてきたことであり，第5章1においてそれを具体的に考察したが，国家公

務員賃金が引き下げられた場合，日本経済全体や地域経済にどのような悪影響を及ぼすかを具体的に試算したことはこれまで無かったと思われることから，貴重な試算であるといえる。

そこで，ここでは，この三つの試算について，どのような方法で試算を行い，どのような経済的悪影響が生じることになるかについて検証してみる。

第二の点に関しては，給与構造改革や総合的見直しによって，結果，国家公務員賃金の地場賃金化の傾向が強まってきていることは明らかであることから，国家公務員賃金の地場賃金化の傾向が地域別最低賃金に及ぼす影響について考察してみることとする。

（1） 国家公務員賃金引き下げがもたらす経済的影響試算

① 国家公務員賃金2割引き下げがもたらす日本経済への影響（労働総研　2011年5月）

労働総研は，2011年5月19日，「公務員人件費を2割削減した場合の経済へのマイナス影響と，その特徴について」を発表した。

これは，当時，民主党・菅内閣が，民主党マニフェストに掲げた公務員総人件費2割削減の具体化と，同年3月11日におこった東日本大震災の復興財源にあてることを理由として，国家公務員賃金を1割引き下げる方針を表明して関係労働組合に提示し，地方公務員賃金についても引き下げを検討することが伝えられたことから行ったものであるとしている。

試算は，民主党がマニフェストに掲げ，菅内閣が具体化しようとしている国家公務員総人件費の2割削減が実施された場合を想定したものとなっている。

ⅰ）試算方法

試算に当たっては，国家公務員だけでなく人事院勧告の影響を受ける官民各産業・業種の職員数や年収などを調べ，そのデータを基にして，国家公務員賃金が2割削減されたとした場合に，家計消費がどのように変化し，その家計消費の変化が日本経済全体にどのような影響をもたらすかを，産業連関表[39]を用いて算出している。

ii) 試算結果

　基礎データ（表5-2, 184-185頁参照）の集計で得られた人事院勧告の影響を受ける職員数625.8万人，平均年収554万6700円（正規職員（581.4万人）582万6400円，非常勤・臨時職員（44.4万人）188万300円）に基づいて，家計消費の減少による消費性向の変化を明らかにし，産業連関表を用いて計算した結果，それら625.8万人の年間収入累計額は34兆7098億円で，賃金2割削減による経済的マイナスの影響は，①家計収入の減少総額が6兆9420億円，②家計消費の減少額が5兆1874億円となり，その結果，③国内生産の減少額が10兆7010億円，④付加価値の減少額が4兆5818億円，⑤国と地方の税収の減少額が8133億円という巨額な数値になったとしている（表5-3, 184頁参照）。

　国家公務員賃金が2割削減されると，これほどまでに日本経済に及ぼす影響が大きいことが具体的に明らかにされたものであり，貴重な試算である。

② 国家公務員賃金8％引き下げがもたらす京都経済への影響
（京都自治労連　2011年7月）

　労働総研の試算は，日本経済全体への影響を試算したものであり，都道府県別には試算していない。県単位で試算したものとしては，労働総研が試算した同年7月8日に京都自治労連が，国家公務員と地方公務員の賃金が8％マイナスとなった場合の京都府経済への影響試算を行っている。

　この京都自治労連の試算は，同年6月3日に，政府が，国家公務員賃金を人事院勧告に基づかずに平均7.8％引き下げるとする給与臨時特例法案を国会に提出したことから，自らの自治体経済への影響試算を行ったものであるとしている。

---

39) 産業連関表は，ある地域内の一定期間に行われた財・サービスの産業間取引を一つの行列に示した統計表であり，この産業連関表の仕組みを使って，ある産業に新たな需要が発生した場合にどういう形で生産が波及していくのかを計算することができるとされている。アメリカの経済学者ワシリー・レオンチェフ（W.W.Leontief）が，1936年にハーバード大学で発表した「アメリカ経済の構造」と題する論文の中で，産業連関表を使ってアメリカ経済の分析を行ったのがはじめとされている。この産業連関表を使って行うさまざまな分析の総称を産業連関分析という。

ⅰ) 試算方法

　試算方法は労働総研と同様であるが，給与臨時特例法案が国会に提出された段階であり，また，地方公務員等への波及がどこまで及ぶのかも確定していない段階であることから，①国家公務員と地方公務員の賃金が8％引き下げられた場合と，②それが民間の福祉・医療労働者に波及した場合の二つの試算を行っている。

ⅱ) 試算結果

　基礎データである職員数については，京都府内に勤務する国家公務員を5,000人，国立大学法人職員を5,400人，福祉・医療職員を13万4600人と推計し，地方公務員については，各府市町村が公表しているデータを基に5万8956人としている。

　また，それぞれの平均年収については，国家公務員は人事院データを基に643万3592円，国立大学法人職員及び福祉・医療職員は全労連資料により800万600円，407万6400円と推計し，地方公務員はそれぞれの府市町村賃金を基に740万7000円～594万2600円としている。

　これらのデータを基に，京都府産業連関表を用いて計算した結果では，①国家公務員と地方公務員の賃金が8％引き下げられた場合，年間家計収入減少総額は399億3500万円となり，年間家計消費も272億3573万円減少し，その結果，波及的に京都府全体の消費が421億9961万円のマイナスとなるとしている。また，②それが民間の福祉・医療労働者に波及した場合の年間家計収入減少総額は838億2976万円となり，年間家計消費も571億7190万円減少し，その結果，波及的に京都府全体の消費が885億8334万円のマイナスとなるとしている（表5-4，186頁参照）。

③ 国家公務員賃金2％引き下げがもたらす地方経済への影響（国公労連　2014年8月）

　2014年8月，国公労連は，国家公務員賃金が2％引き下げられた場合の地方経済への影響試算「産業連関表を使っての給与引き下げによる地方経済へのマイナス波及効果試算」を公表した。

　この国公労連の試算は，人事院が2014年勧告において，地方に勤務する

表5-2 公務員人件費2割削減に関する基礎データ（職員数，平均年収）

産業・職種	職員数 （万人）	年間収入 （千円）	累計 （千万円）	備考
国家公務員	64.1	6,339.0	406,329.9	一般職，特別職，検察官
非常勤職員	3.2	1,766.0	5,651.2	基幹業務など事務補助職員
国会議員・秘書	0.3	13,642.1	4,092.6	議員722人，秘書2,166人
駐留軍関係	2.6	5,041.3	13,107.4	在日米軍基地などの従業員
国立大学法人	12.1	8,010.6	96,928.3	教員＋職員＝計12万1201人
独立行政法人	7.4	7,306.0	54,064.4	特定8法人を除く非特定96法人
公益法人		—		人勧準拠でなくなった
一般職地方公務員	243.9	6,253.1	1,525,131.1	一般職，技能，教育，警察
特別職地方公務員	4.7	6,740.7	31,681.3	知事，市町村長，議員，公営企業の管理者など
自治体臨時職員	41.2	1,889.2	77,835.0	短時間パートを除く
地方公営企業	37.6	7,612.0	286,211.2	水道，交通，電気，ガス等
日本郵便	18.4	6,110.7	112,436.9	正規＋契約等＝計18万4200人
私立学校	26.4	5,988.7	158,101.7	幼・小・中・高の教職員数
政府系金融機関	0.9	8,345.9	7,511.3	政策投資，商工中金，国金公庫
民営病院	96.4	4,739.6	456,897.4	従業員総数の33％が準拠
社会福祉施設	63.9	3,467.3	221,560.5	児童福祉とその他社会福祉施設（うち約半数）が準拠
民間委託清掃事業				
農業共済	0.7	5,705.1	3,993.6	ほぼ国公の一般職に準拠
漁業協同組合	1.3	4,543.6	5,906.7	調査報告書による
森林組合	0.7	5,058.5	3,541.0	年間賞与は3.145月で推計
合計	625.8	5,546.5	3,470,981.4	

注：1）職員数・年間収入とも，発表されている直近データ（平成22年度，21年度など）を採用した。
　　2）一部公表されていないものについては，関係団体の推計数値をもとに試算した。
［出所］労働総研ホームページ。

表5-3 公務員人件費2割削減の総額と，経済に対する影響

(単位：億円)

人勧の影響を受ける20産業および業種	人数 （万人）	年間収入の累計額	家計収入減少総額	家計消費減少額	国内生産減少額	付加価値（≒GDP）減少額	税収減少額
正規職員	581.4	338,749.5	－67,750	－50,457	－104,341	－44,429	－7,886
非常勤・臨時職員	44.4	8,531.0	－1,670	－1,417	－2,669	－1,389	－246
合計	625.8	347,098.2	－69,420	－51,874	－107,010	－45,818	－8,133

［出所］労働総研ホームページ。

(2011年4月21日現在・労働総研作成)

データの出典	年収の計算式
人事院「給与勧告の仕組みと本年の勧告のポイント」22年度	特別職と特定独法は公表なしのため,一般職水準を準用
総務省「非常勤職員在職状況統計表」21年7月	平均日額7360円をベースに×20日×12カ月で推計
議員は「年収ラボ」HP。秘書は「健保組合23年度予算案」	議員年収は2895.9万円。秘書は月額53.2万円から推計
駐留軍等労働者労務管理機構HPより,平成21年度実績	同機構の業務実績で公表の総額1307億円／対象者数
文科省「平成22年度学校基本調査」	教員年収906.7万円,職員年収583.9万円
総務省「独立行政法人の役職員の給与等の水準」21年度	独立行政法人(特定を含む)の平均年収を採用した
平成21年度：国所管188,614人,都道府県所管287,539人	—
総務省「平成21年地方公務員給与実態調査」	平均給与38万9618円,年間賞与は4.05カ月で推計
総務省「平成21年地方公務員給与実態調査」	職種ごとに,定数×給料と年間賞与4.05カ月で算出
総務省「臨時・非常勤職員に関する調査結果」(平成21年4月)	都道府県・政令市・市町村ごとの時間給・人数で加重集計
地方財務協会「地方財政要覧」平成21年版	決算の職員給与費2兆8583億円／職員数
日本郵便「平成21年度事業計画」	人件費1兆1460億円／職員数(契約の8時間換算を含む)
文科省「平成22年度学校基本調査」&「私学共済制度事業統計」	標準給与・標準賞与とも要表発表のとおり
「年収ラボ」HP(各行「有価証券報告書」より)	政策投資銀1089万円,商工中金793万円,金融公庫809万円
厚労省「平成21年就業構造基本調査」「賃金構造基本統計調査」	現金給与額33万2200円,年間賞与75万3200円
厚労省「平成21年就業構造基本調査」「賃金構造基本統計調査」	現金給与額23万8600円,年間賞与60万4100円
(日本環境保全協会)	
農業団体の情報にもとづき推計	国家公務員の一般職に準拠＝633.9万円×0.9で試算
農水省「平成20年度漁業協同組合の職員に関する一斉調査」	給与・賞与とも調査報告書のとおり
林野庁「平成20年度森林組合一斉調査」	平均給与33.4万円。年間賞与は漁協並の3.145月で推計

　国家公務員の賃金がその地域に勤務する民間従業員の賃金を上回っていることを理由に，俸給表水準を平均2%引き下げ，民間賃金が高い地域については地域手当の支給率の引き上げと支給範囲の拡大を図る総合的見直しを行った結果，地域手当が支給される都市がまったくない15県[40]と，県内に地域手当が支給される都市はあるものの支給率が変わらなかった7道県[41]の合計22道県については2%の賃下げとなることから，それらの道県について試算を行ったものであるとしている。

---

40) この15県は，青森県，岩手県，秋田県，山形県，福島県，鳥取県，島根県，愛媛県，高知県，佐賀県，熊本県，大分県，宮崎県，鹿児島県，沖縄県である。
41) この7道県は，北海道，富山県，石川県，福井県，岡山県，山口県，長崎県である。

表 5-4　国家公務員賃金 8％引き下げによる京都経済への影響

1. 国家公務員と地方公務員の賃金が 8％マイナスになった場合
    賃金は　　　　　　　　399 億 3500 万円減
    直接の消費支出が　　　272 億 3573 万円減り，
    波及的に総計　　　　　421 億 9961 万円の消費マイナスとなる
    GDP は　　　　　　　　270 億 3803 万円のマイナス
    生産マイナス額は　　　149 億 6385 万円
2. 民間の福祉・医療労働者にも波及し，8％引き下げになった場合
    賃金は　　　　　　　　838 億 2976 万円減
    直接の消費支出は　　　571 億 7190 万円減り
    波及的に総計　　　　　885 億 8334 万円の消費がマイナスとなる
    GDP は　　　　　　　　567 億 5689 万円マイナス
3. 国家公務員の給与削減は，役職に応じて 10％・8％・5％，ボーナスは 10％減ですが，一律 8％として計算し，京都の国家公務員数は 5000 人との推計，自衛隊員は省いての計算になっています。
    　自衛隊員については，「6 ヶ月間は削減しない」となっており，その後は削減されることから，マイナス額はもっと増えることになります。

［出所］　京都自治労連ホームページ。

ⅰ）　試算方法

　試算方法は当該の各道県の産業連関表を用いて試算を行っている。なお，この試算で特徴的なのは，各道県の国家公務員，地方公務員，国立大学法人職員，国立病院機構職員の職員数および賃金について，関係省庁が公表しているデータを用いて，ひとケタ台までの詳細な数字を用いていることである。

ⅱ）　試算結果

　22 道県の試算結果は表 5-5 のとおりであり，産業活動規模がそれほど大きくない県については少なくない経済的悪影響がもたらされるものと思われる。

　ここでは，北海道のケースについて，試算結果を紹介する（表 5-6，194-198 頁参照）。

　基礎データである職員数は，国家公務員については国家公務員給与等実態調査，地方公務員については地方公共団体定員管理調査，国立大学法人については各大学に公表が義務付けられている「役職員の給与等について」，国立病院機構については全日本国立医療労働組合からの情報提供によりそれぞ

第5章　公務員賃金決定の社会・経済的影響　187

表5－5　国家公務員賃金2％引き下げによる地方経済への悪影響試算
（給与制度の総合見直しにより全職員が2％賃下げとなる22道県）

都道府県名	賃下げ対象者数	賃下げ総額（年額）	消費支出減少額	波及賃金減少額	県内消費減少額	GDP減少額
北海道	160,768人	193億60百万円	115億95百万円	261億53百万円	194億55百万円	125億06百万円
青森県	38,625人	46億43百万円	27億81百万円	61億15百万円	43億62百万円	28億29百万円
岩手県	40,401人	48億79百万円	29億22百万円	62億73百万円	44億95百万円	30億36百万円
秋田県	31,945人	38億21百万円	22億89百万円	49億20百万円	35億84百万円	22億51百万円
山形県	35,162人	40億92百万円	24億51百万円	52億60百万円	37億06百万円	23億68百万円
福島県	49,729人	61億02百万円	36億54百万円	76億50百万円	53億81百万円	33億38百万円
富山県	31,631人	37億56百万円	22億49百万円	48億37百万円	33億65百万円	22億53百万円
石川県	34,303人	40億37百万円	24億18百万円	53億08百万円	38億40百万円	23億38百万円
福井県	24,617人	29億24百万円	17億51百万円	36億49百万円	26億71百万円	17億13百万円
鳥取県	21,271人	24億52百万円	14億69百万円	32億61百万円	23億41百万円	15億03百万円
島根県	26,707人	32億34百万円	19億37百万円	41億26百万円	28億99百万円	19億30百万円
岡山県	49,331人	59億64百万円	35億72百万円	78億44百万円	54億65百万円	36億20百万円
山口県	40,303人	48億67百万円	29億15百万円	62億55百万円	44億55百万円	28億42百万円
愛媛県	40,126人	48億27百万円	28億91百万円	61億08百万円	42億59百万円	27億00百万円
高知県	26,574人	31億52百万円	18億88百万円	41億78百万円	30億80百万円	19億25百万円
佐賀県	25,158人	29億93百万円	17億93百万円	39億99百万円	29億02百万円	18億57百万円
長崎県	40,257人	49億37百万円	29億57百万円	66億09百万円	49億32百万円	30億90百万円
熊本県	48,005人	57億74百万円	34億58百万円	76億87百万円	57億44百万円	36億87百万円
大分県	33,634人	41億05百万円	24億58百万円	53億03百万円	38億33百万円	24億20百万円
宮崎県	31,823人	38億19百万円	22億87百万円	49億73百万円	36億73百万円	23億31百万円
鹿児島県	50,104人	61億22百万円	36億67百万円	76億62百万円	58億76百万円	37億99百万円
沖縄県	41,999人	49億59百万円	29億70百万円	66億92百万円	51億98百万円	30億83百万円

［出所］国公労連ホームページ。

れ特定し，平均年収は，国家公務員については人事院勧告・報告の月額，地方公務員については地方公務員給与実態調査による道職員，市町村職員別等の月額，国立大学法人については職員数と同様「役職員の給与等について」の月額，国立病院機構については厚生労働省が公表している「国立病院機構の役職員の報酬・給与等について」の月額を基に算出している。

これらのデータを基に，産業連関表を用いて計算した結果では，道内の国家公務員等16万768人の賃金が2％引き下げられたことによる経済的マイナスの影響は，①家計収入の減少総額が193億6000万円，②家計消費の減少額が115億9500万円となり，その結果，③道内労働者全体の家計収入の減少総額が261億5300万円となり，④道内全体の消費減少額が194億5500万円となるとしている。

④ おわりに

以上が，国家公務員賃金が引き下げられた場合の三つの試算結果であるが，これらの試算結果から言えることは，労働総研の試算は，国家公務員賃金が直接影響を受けると考えられる地方公務員や私立学校，私立病院，社会福祉施設等の民間労働者全体に国家公務員の賃下げが及んだ場合の試算であり最大値を示しているのに対して，京都自治労連と国公労連の試算は，国家公務員賃金が直接影響を受けると考えられる地方公務員や民間労働者のうち，職員数や平均年収を捕捉できた官民各産業・業種の職員に限定した試算であることから，試算結果は，本来の影響額より低めに算出されていることに留意する必要があるということである。もちろん，職員数や平均年収を捕捉できなかった私立学校や私立病院等の職員等については，産業連関表を用いていることから波及効果のなかには反映はされてはいるが，本来の影響額より低めに算出されていることに変わりはない。

（2） 国家公務員賃金の地場賃金化と地域別最低賃金への影響

（1）では，公務員賃金決定の経済的影響について具体的数字をあげて見てきたが，公務員賃金の地場賃金化が進められることによる影響は地域別最低賃金の固定化にもつながりかねないものと考えており，ここではその点につ

いて考察する。

①　給与構造改革と総合的見直しで進む公務員賃金の地場賃金化

2005年の給与構造改革では，民間賃金の低い地域では公務員賃金が民間賃金を上回るという状況が生じており，この状況を改めるためには，地域ごとの民間賃金水準の格差を踏まえ，地域の民間賃金が適切に反映されるよう俸給水準の引き下げを行い，民間賃金水準が高い地域間調整を図るための手当を支給するなどの措置を講じる必要があるとして，ブロック別官民較差に基づき俸給表水準を平均4.8％引き下げるとともに，それまで，民間賃金，物価，生計費の高い地域について地域間調整を図るとして支給していた調整手当を廃止して，民間賃金の高い地域に勤務する職員に新たに地域手当を支給するとした。

また，2014年の総合的見直しでは，給与構造改革において，地域の国家公務員賃金の見直しを行ったが，なお，特に民間賃金の低い地域を中心に，公務員賃金が高いのではないか等の指摘があるとして，そうした地域の実情を把握した結果，俸給表水準をさらに引き下げて，地域手当の見直しを行うことが適当であるとし，俸給表水準を平均2％引き下げたうえで，地域手当の支給率の引き上げや支給範囲の拡大が図られた。

これらの給与構造改革や総合的見直しによって，公務員賃金の地場賃金化の傾向が強まったこと，そして，公務員賃金の地場賃金化は職務給原則に触れる疑いが強いことについては第3章でふれたが，問題はそれだけにとどまらない。地域別最低賃金の固定化につながりかねないからである。

②　公務員賃金の地場賃金化と地域別最低賃金の固定化

現在，地域別最低賃金の改定にあたっては，全都道府県を各都道府県の経済実態に応じてABCDの4ランクに区分して，毎年，ランクごとに改定の目安が示される。

2015年現在，Aランク5都府県，Bランク11府県，Cランク14道県，Dランク17県となっている[42]。このランクは，Aランクが最も経済実態がよく，Bランク，Cランクになるに従って経済実態が悪くなることを示す指標

でもあるといえる（図5-1）。

給与構造改革と総合的見直しによって、俸給表は平均6.8%[43]引き下げられた一方で、民間賃金が高い地域（都市）については地域手当が支給されたが、前述したとおり、地域手当が支給される都市がまったくない15県と、県内に地域手当が支給される都市はあるものの支給率が変わらなかった7道県の22道県に勤務する職員については平均で6.8%、中高齢層や50歳台後半層の職員に至っては最大で11%[44]にも上る賃下げが一方的に押し付けられることとなった。

とりわけ問題なのは、総合的見直しにおいて、俸給表を平均2％引き下げる根拠を、賃金センサスの都道府県別所定内賃金の平均額が低い方から4分の1となる12県（79頁脚注12参照）との官民比較に求めたことである。

賃下げの根拠としたこの12県は、すべて地域別最低賃金ランクがDランクに位置づけられている県であり、それらの県の水準に国家公務員賃金を一致させたことは、国家公務員の俸給表の全体水準を地域別最低賃金Dランクの県の水準に合せたことになる。つまり、地域手当が支給される都市がひとつもなかった15県に勤務する職員及び各都道府県で地域手当が支給されない市町村に勤務する職員は、正に地域別最低賃金Dランクの県の民間賃金水準の賃金を受けることになったに等しいということである（表5-7、193頁参照）。

おわりに

給与構造改革以前の国家公務員の俸給水準は、全国平均の官民較差に基づいて定められていた。そのため、確かに、民間賃金の低い地域では国家公務

---

42) Aランク：千葉県、東京都、神奈川県、愛知県、大阪府の5都府県、Bランク：茨城県、栃木県、埼玉県、富山県、長野県、静岡県、三重県、滋賀県、京都府、兵庫県、広島県の11府県、Cランク：北海道、宮城県、群馬県、新潟県、石川県、福井県、山梨県、岐阜県、奈良県、和歌山県、岡山県、山口県、香川県、福岡県の14道県、Dランク：青森県、岩手県、秋田県、山形県、福島県、鳥取県、島根県、徳島県、愛媛県、高知県、佐賀県、長崎県、熊本県、大分県、宮崎県、鹿児島県、沖縄県の17県
43) 給与構造改革で平均4.8%、総合的見直しで平均2%の俸給表の引き下げが行われた。
44) 給与構造改革で7%、総合的見直しで4%の俸給表の引き下げが行われた。

第5章 公務員賃金決定の社会・経済的影響　191

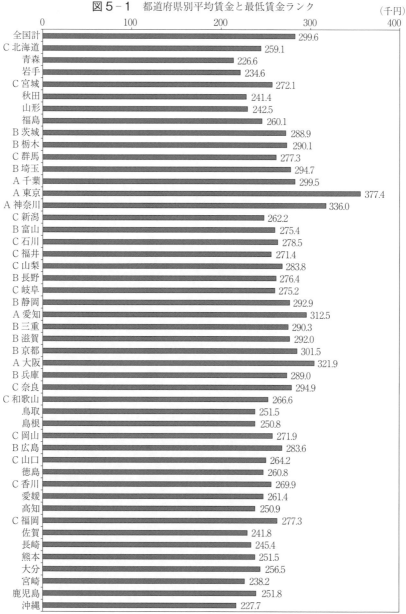

図5-1　都道府県別平均賃金と最低賃金ランク　（千円）

	平均賃金
全国計	299.6
C 北海道	259.1
青森	226.6
岩手	234.6
C 宮城	272.1
秋田	241.4
山形	242.5
福島	260.1
B 茨城	288.9
B 栃木	290.1
C 群馬	277.3
B 埼玉	294.7
A 千葉	299.5
A 東京	377.4
A 神奈川	336.0
C 新潟	262.2
B 富山	275.4
C 石川	278.5
C 福井	271.4
C 山梨	283.8
B 長野	276.4
C 岐阜	275.2
B 静岡	292.9
A 愛知	312.5
B 三重	290.3
B 滋賀	292.0
B 京都	301.5
A 大阪	321.9
B 兵庫	289.0
C 奈良	294.9
C 和歌山	266.6
鳥取	251.5
島根	250.8
C 岡山	271.9
B 広島	283.6
C 山口	264.2
徳島	260.8
C 香川	269.9
愛媛	261.4
高知	250.9
C 福岡	277.3
佐賀	241.8
長崎	245.4
熊本	251.5
大分	256.5
宮崎	238.2
鹿児島	251.8
沖縄	227.7

注：A～Cは最賃ランクを示し，アルファベットが付いていない県はDランクの県である。
［出所］厚生労働省　平成26年賃金構造基本統計調査。

員賃金が民間賃金を上回っていたのは事実であるが，それは，人事院も説明しているとおり，国の行政は全国各地で等しく行われていることから，職務給の原則に基づいて採られた政策的判断であり，妥当な判断といえる。

　いまや，最低賃金については，時給最低 1000 円への引き上げと全国一律最低賃金制の実現が叫ばれ，徐々にではあるがそれに近づこうとしているなかにあって，少なくない民間賃金に直接・間接に影響を与えている国家公務員賃金を，地域別最低賃金の各ランクに合わせることにつながるこれらの施策は，地域別最低賃金の各ランクの固定化につながりかねない。むしろ，全国平均の官民較差に基づいて定められていたこれまでの国家公務員賃金水準は，民間賃金の低い地域における民間賃金の改善につながってきた側面も有していたのであって，公務員賃金の地場賃金化の傾向の強化は，再考されるべきである。

表5-7 地域別最低賃金ランクと地域手当支給

ランク	都道府県	最低賃金時間額（円）平成27年	地域手当支給割合
A	千葉県	817	16%・15%・12%・10%・6%・3%
	東京都	907	20%・16%・15%・12%・10%・3%
	神奈川県	905	16%・15%・12%・10%・6%
	愛知県	820	16%・15%・10%・6%・3%
	大阪府	858	16%・15%・12%・10%・6%
B	茨城県	747	16%・15%・12%・10%・6%・3%
	栃木県	751	6%・3%
	埼玉県	820	16%・15%・12%・10%・6%・3%
	富山県	746	3%
	長野県	746	6%・3%
	静岡県	783	6%・3%
	三重県	771	12%・10%・6%・3%
	滋賀県	764	10%・6%・3%
	京都府	807	12%・10%・6%
	兵庫県	794	15%・12%・10%・6%・3%
	広島県	769	10%・3%
C	北海道	764	3%
	宮城県	726	10%・6%・3%
	群馬県	737	6%・3%
	新潟県	731	3%
	石川県	735	3%
	福井県	732	3%
	山梨県	737	6%・3%
	岐阜県	754	6%・3%
	奈良県	740	12%・10%・6%・3%
	和歌山県	731	6%
	岡山県	735	3%
	山口県	731	3%
	香川県	719	6%・3%
	福岡県	743	10%・6%・3%
D	青森県	695	
	岩手県	695	
	秋田県	695	
	山形県	696	
	福島県	705	
	鳥取県	693	
	島根県	696	
	徳島県	695	3%
	愛媛県	696	
	高知県	693	
	佐賀県	694	
	長崎県	694	3%
	熊本県	694	
	大分県	694	
	宮崎県	693	
	鹿児島県	694	
	沖縄県	693	

［出所］ 最低賃金は，厚生労働省「平成27年地域別最低賃金改定状況」，地域手当は，人事院月報（2014年9月号）に基づき筆者作成。

表5-6 産業連関表を使っての給与引き下げによる地方経済への
マイナス波及効果試算（北海道）

2014年8月　国公労連

「給与制度の総合的見直し」で、地方に勤務する職員の給与が平均2％、50歳台後半層職員では最大で4％引き下げが行われた。国家公務員給与は地方公務員や独立行政法人など約625万人の賃金に直結することから、地方経済への悪影響は甚大である。平均2％の賃下げが地方経済に及ぼす悪影響について試算した。試算では、各道府県別に職員数及び平均給与額が特定できた国家公務員、地方公務員、国立病院機構職員、国立大学法人職員を対象に行ったことから、実際の悪影響はこれを上回るものである。

1. 基礎データ
  (1)給与引き下げ対象者数
    ①国家公務員：国家公務員給与等実態調査（人事院　H26）
    ②地方公務員：地方公共団体定員管理調査（総務省　H25）
    ③国立大学法人：「国立大学法人〇〇大学の役職員の給与等について」
　　　　　　　　（大学HP　H24d）
    ④国立病院機構：全医労調べ（H25年10月1日時点　常勤職員数（都道府県別））
  (2)給与等
    ①国家公務員：人事院勧告・報告（H26）416,516円（全職員）
    ②地方公務員：地方公務員給与実態調査（H25）
    ③国立大学法人：「国立大学法人〇〇大学の役職員の給与等について」
　　　　　　　　（大学HP　H24d）
    ④国立病院機構：「国立病院機構の役職員の報酬・給与等について」
　　　　　　　　（厚生労働省HP　H24d）
  (3)その他
    ①年間支給月数：月給12ヶ月に一時金を4.10ヶ月として計上（国立大学法人は別途）
    ②削減率：俸給表引き下げ率　2％
    ③消費支出率：2013年家計調査（勤労者世帯）の総収入（月平均）と消費支出を基に算出

2. 俸給表を2％引き下げた場合の給与減額総額
  （対象都道府県：北海道・最賃C／削減率2％）

　　　　月額給与×年間支給月数＝1人あたり支給額　※1：百円未満切捨て
　　　　1人あたり支給額×対象人数×削減率＝各対象の給与総減額　※2：円未満切捨て

  (1)国家公務員
　　　416,516円× 16.1ヶ月＝　　　　　　　　　　　　　6,705,900円
　　　6,705,900円× 15,983人× 2％＝　　　　　　　2,143,607,994円　　(A)

  (2)地方公務員
    ①都道府県職員

```
379,027 円 × 16.1 ヶ月 =                             6,102,300 円
6,102,300 円 × 73,231 人 × 2% =                  8,937,550,626 円
```
②政令指定都市職員（札幌市）
```
364,217 円 × 16.1 ヶ月 =                             5,863,800 円
5,863,800 円 × 14,305 人 × 2% =                  1,677,633,180 円
```
③市町村職員
```
351,903 円 × 16.1 ヶ月 =                             5,665,600 円
5,665,600 円 × 49,465 人 × 2% =                  5,604,978,080 円
```
④合計
```
8,937,550,626 円 + 1,677,633,180 円 + 5,604,978,080 円 =
                                                16,220,161,886 円   (B)
```

(3)国立大学法人（常勤職員に限定）

「国立大学法人○○大学の役職員の給与等について」の年間支給額を適用するため，計算は削減率のみ行う。なお，給与総額は下表のとおり。

大学名	年度	人数	年間給与額（平均）	給与総額
北海道大学	H23	3,318人	6,968 千円	3,318人 × 6,968 千円 = 23,119,824 千円
北海道教育大学	H23	652人	7,254 千円	652人 × 7,254 千円 = 4,729,608 千円
室蘭工業大学	H22	250人	7,404 千円	250人 × 7,404 千円 = 1,851,000 千円
小樽商科大学	H23	166人	7,278 千円	166人 × 7,278 千円 = 1,208,148 千円
帯広畜産大学	H23	180人	7,075 千円	180人 × 7,075 千円 = 1,273,500 千円
旭川医科大学	H23	849人	5,571 千円	849人 × 5,571 千円 = 4,729,779 千円
北見工業大学	H23	227人	7,103 千円	227人 × 7,103 千円 = 1,612,381 千円
合計				38,524,240 千円

注：国家公務員の給与削減（H24.4 〜 H26.3）に準じて引き下げている大学は，その影響を反映しないために，最新の公表データは使用していない。

```
38,524,240 千円 × 2% =                              770,484,800 円   (C)
```

(4)国立病院機構（常勤職員に限定）

「国立病院機構の役職員の報酬・給与等について」の年間支給額を適用するため，計算は削減率のみ行う。

```
5,279 千円 × 2,142 人 × 2% =                        226,152,360 円   (D)
```

(5)給与減額総額の合計〔(A)〜(D)計〕   19,360,407,040 円

3. 収入減のうち消費に回ったであろう予測額の算出

収入減額に平均消費支出率を乗じて算出する。なお，平均消費支出率は，家計調査（勤労者世帯）における月平均の総収入に占める消費支出率で算出する。

```
2013 年家計調査：勤労者世帯   総収入（月平均）     468,570 円   (A)
                              消費支出             280,642 円   (B)
                              消費支出率 = (B)/(A)  59.89%     ※3
                              ※3：少数第3位切捨
```

4. 北海道における地域経済へのマイナス波及効果試算

上記で算出した給与減額総額,産業連関表(H17)13部門の分析データにより試算する。
なお,産業連関表の分析データについては,別表のとおり。

(1)直接効果
　①直接消費マイナス額(給与引き下げ額×消費支出率)
　　19,360,407,040円×59.89%= 　　　　　　　　　　　11,594,947,776円
　②中間投入マイナス額(直接消費マイナス額×中間投入率(第三次産業))
　　11,594,947,776円×0.3311= 　　　　　　　　　　　3,839,087,208円
　③粗付加価値マイナス額(直接消費マイナス額×粗付加価値率(第三次産業))
　　11,594,947,776円×0.6689= 　　　　　　　　　　　7,755,860,567円
　④雇用者所得マイナス額(直接消費マイナス額×雇用者所得率(第三次産業))
　　11,594,947,776円×0.3644= 　　　　　　　　　　　4,225,198,969円

(2)第一次間接効果
　⑤道内産需要マイナス額((②中間投入額×投入係数の産業別割合)×道内自給率)
　　第一次産業(3,839,087,208円×0.0029／0.3311)×0.7744=
　　　　　　　　　　　　　　　　　　　　　　　　　　　26,039,469円　(A)
　　第二次産業(3,839,087,208円×0.1036／0.3311)×0.4962=
　　　　　　　　　　　　　　　　　　　　　　　　　　　596,053,595円　(B)
　　第三次産業(3,839,087,208円×0.2247／0.3311)×0.8850=
　　　　　　　　　　　　　　　　　　　　　　　　　　　2,305,765,516円　(C)

　　合計 (A)+(B)+(C)　　　　　　　　　　　　　　　　2,927,858,580円

　⑥生産誘発マイナス額(逆行列係数×⑤道内産品需要マイナス額〔第一〜三次産業〕)
　　第一次産業
　　　1.1616×26,039,469円+0.0933×596,053,595円+0.0092×
　　　2,305,765,516円=　　　　　　　　　　　　　　107,072,290円　(A)
　　第二次産業
　　　0.1562×26,039,469円+1.2384×596,053,595円+0.0799×
　　　2,305,765,516円=　　　　　　　　　　　　　　926,450,801円　(B)
　　第三次産業
　　　0.2047×26,039,469円+0.2948×596,053,595円+1.2677×
　　　2,305,765,516円=　　　　　　　　　　　　　　3,104,065,823円　(C)

　　合計 (A)+(B)+(C)　　　　　　　　　　　　　　　　4,137,588,914円

　⑦粗付加価値誘発マイナス額(⑥生産誘発マイナス額×粗付加価値率)
　　第一次産業　107,072,290円×0.4943= 　　　　　　52,925,832円　(A)
　　第二次産業　926,450,801円×0.3628= 　　　　　　336,116,350円　(B)
　　第三次産業　3,104,065,823円×0.6689= 　　　　　2,076,309,629円　(C)

　　合計 (A)+(B)+(C)　　　　　　　　　　　　　　　　2,465,351,811円

⑧雇用者所得誘発マイナス額（⑥生産誘発マイナス額×雇用者所得率）
　　第一次産業　　107,072,290 円× 0.0980 ＝　　　　10,493,084 円　　(A)
　　第二次産業　　926,450,801 円× 0.2064 ＝　　　　191,219,445 円　　(B)
　　第三次産業　3,104,065,823 円× 0.3644 ＝　　　1,131,121,585 円　　(C)

　　合計　(A)＋(B)＋(C)　　　　　　　　　　　　　　1,332,834,114 円

(3)第二次間接効果
　⑨雇用者所得マイナス額合計（④雇用者所得マイナス額＋⑧雇用者所得誘発マイナス額）
　　4,225,198,969 円＋ 1,332,834,114 円＝　　　　　5,558,033,083 円　　(A)

　⑩消費支出マイナス額（⑨雇用者所得マイナス額合計×平均消費支出率）
　　5,558,033,083 円× 59.89％＝　　　　　　　　　　3,328,706,013 円

　⑪道内産消費支出マイナス額（（⑩消費支出マイナス額×民間消費支出の産業別構成比）×道内自給率）
　　第一次産業　（3,328,706,013 円× 0.0119）× 0.7744 ＝　　30,675,224 円　　(A)
　　第二次産業　（3,328,706,013 円× 0.2095）× 0.4962 ＝　　346,031,972 円　　(B)
　　第三次産業　（3,328,706,013 円× 0.7786）× 0.8850 ＝　2,293,681,494 円　　(C)

　　合計　(A)＋(B)＋(C)　　　　　　　　　　　　　　2,670,388,690 円

　⑫生産誘発マイナス額（逆行列係数×⑪道内産消費支出マイナス額〔第一～三次産業〕）
　　第一次産業
　　　1.1616 × 30,675,224 円＋ 0.0933 × 346,031,972 円＋ 0.0092 ×
　　　2,293,681,494 円＝　　　　　　　　　　　　　　89,018,992 円　　(A)
　　第二次産業
　　　0.1562 × 30,675,224 円＋ 1.2384 × 346,031,972 円＋ 0.0799 ×
　　　2,293,681,494 円＝　　　　　　　　　　　　　616,582,615 円　　(B)
　　第三次産業
　　　0.2047 × 30,675,224 円＋ 0.2948 × 346,031,972 円＋ 1.2677 ×
　　　2,293,681,494 円＝　　　　　　　　　　　　3,015,989,473 円　　(C)

　　合計　(A)＋(B)＋(C)　　　　　　　　　　　　　　3,721,591,080 円

　⑬粗付加価値誘発マイナス額（⑫生産誘発マイナス額×粗付加価値率）
　　第一次産業　　　89,018,992 円× 0.4943 ＝　　　　44,002,087 円　　(A)
　　第二次産業　　616,582,615 円× 0.3628 ＝　　　223,696,172 円　　(B)
　　第三次産業　3,015,989,473 円× 0.6689 ＝　　2,017,395,358 円　　(C)

　　合計　(A)＋(B)＋(C)　　　　　　　　　　　　　　2,285,093,617 円

⑭雇用者所得誘発マイナス額（⑫生産誘発マイナス額×雇用者所得率）
　　第一次産業　　89,018,992 円× 0.0980 ＝　　　　8,723,861 円　(A)
　　第二次産業　 616,582,615 円× 0.2064 ＝　　　127,262,651 円　(B)
　　第三次産業　3,015,989,473 円× 0.3644 ＝　　1,099,026,563 円　(C)

　　合計　(A)+(B)+(C)　　　　　　　　　　　　　1,235,013,075 円

5. 分析結果

		生産誘発マイナス額		うち粗付加価値誘発マイナス額		うち雇用者所得誘発マイナス額
直接効果	①	11,595 百万円	③	7,756 百万円	④	4,225 百万円
第一次間接効果	⑥	4,138 百万円	⑦	2,465 百万円	⑧	1,333 百万円
第二次間接効果	⑫	3,722 百万円	⑬	2,285 百万円	⑭	1,235 百万円
合計	Ⓐ	19,455 百万円	Ⓑ	12,506 百万円	Ⓒ	6,793 百万円

6. まとめ

項目	対象額（数）		備考
職員数		160,768 人	国公，地公，国立大学，病院機構
給与削減額計		▲19,360 百万円	A
直接消費支出減少額	①	▲11,595 百万円	
他産業波及賃金減少額	Ⓒ	▲6,793 百万円	B
波及賃金減少額		▲26,153 百万円	A＋B
総消費支出減少額	Ⓐ	▲19,455 百万円	
GDP	Ⓑ	▲12,506 百万円	

　試算では削減率が2％の場合，国公・地公・国立大学法人職員，国立病院機構職員約16万1千人の直接賃金 193 億 60 百万円がマイナス。このことにより，直接消費支出は 115 億 95 百万円減小し，波及的に（第1次，第2次間接効果）賃金は総額 261 億 53 百万円減小する。
　なお，消費は 194 億 55 百万円，GDP は 125 億 6 百万円がそれぞれマイナスとなる。

終章
公務員賃金決定と労働基本権

はじめに　公務員賃金決定における二つの問題領域

　これまで、公務員賃金[1]に関して、序章から第5章まで、主として、その歴史と現状を中心に考察してきた。終章は、これまでの歴史と現状についての認識を前提として、日本の公務員賃金決定のあり方について、そのあるべき姿の基本的考え方を提起することを課題としている。
　そもそも、賃金決定においては二つの問題領域がある。第一に、賃金を決定する労使間などの仕組みの問題である。これを以下、賃金決定制度と呼ぶことにしよう。賃金を決定する基準の問題も含めることにする。第二に、賃金の何を決めるかという意味での中身の問題であり、より具体的には賃金水準と賃金形態・体系の問題がある。
　以下では、公務員賃金決定における二つの問題領域として、①公務員賃金決定制度と労働基本権に関わる問題を中心に据えながら、②公務員賃金の水準問題と賃金形態・体系に関わる問題のうち、とくに職務給原則について、基本的考え方を論じることにしよう。

---

[1]　以下、用語として「賃金」と「給与」を厳密に使い分けるのは困難ではあるが、国家公務員法など法律に関わる場合や政府側の記述に沿う場合など文章表現上、用語として「給与」が自然な場合は原則として「給与」という語を用い、それ以外は「賃金」を用いることにする。

1 公務員賃金決定制度と労働基本権

（1） 公務員賃金決定における当事者の問題

公務員賃金決定制度について考える場合，まず賃金決定における当事者の問題から検討してみよう。

一般に，賃金決定にあたっては，まず使用者と労働者ないし組織された労働者集団としての労働組合という労使双方が直接の当事者であることはいうまでもない。普通，労使間で賃金が問題なく決定される場合は，当事者はその労使二者で事足りる。仮に，労使間の賃金決定が円満に進まない場合でも，労働者側はストライキなどの正当な手段に訴えて労使当事者間での解決を促すことができる。だが，もし賃金決定が労使当事者だけで決定できない場合，要請されるのが賃金調整機関である。ここで賃金調整機関とは，労使対等原則のもとでの労使賃金交渉が決裂した場合，斡旋・調停・仲裁などを行う労使代表および公益代表という三者構成の労働委員会を意味している。この場合，当事者は労使および賃金調整機関という三者構成になる。

では，公務員賃金決定の場合はどうか。労使および賃金調整機関という三者構成は一見，自明なことのように思えるが，実はそうではない。労働基本権保障の有無によって，労使交渉の在り方および労働組合の決定権限が異なってくるし，賃金調整機関がその名のとおり機能するか否かが異なってくる。

では，当面，労働基本権の在り方とその三者の関係について，国際的にはどのように類型化できるかが次の問題である。

（2） 公務員賃金決定の国際的類型と日本

労働基本権保障の有無と労使および賃金調整機関ないしはそれに類するものの三者の関係を基軸にした公務員賃金決定の国際比較については，すでに西村美香（1999）の優れた研究がある。いま同書に基づき，公務員賃金決定の国際的類型を示すと，図6-1のようになる。

この図では，労働基本権完全保障の場合，労使直接交渉型と中立機関介在

終章　公務員賃金決定と労働基本権　201

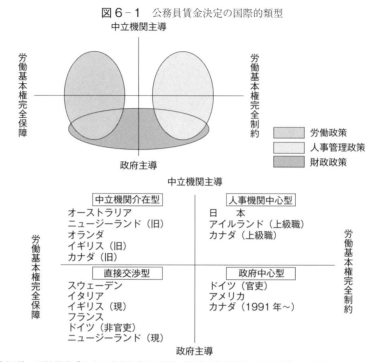

図6-1　公務員賃金決定の国際的類型

［出所］　西村美香『日本の公務員給与政策』（東京大学出版会，1999年），p.233.

型，他方，労働基本権完全制約の場合，政府中心型と人事機関中心型という四つに類型化されている[2]。

　その類型のなかで，日本は労働基本権完全制約の下で，人事機関中心型に分類されている。人事機関とは国家公務員関係では人事院，地方公務員関係では人事委員会ということになるであろう。

　このように，労働基本権保障の有無は，公務賃金決定における労使当事者の在り様だけでなく，賃金調整機関の在り方をも決定的に左右する。労働

---

[2]　ただし，この四類型の命名は，国家公務員の賃金決定の場合である。地方公務員の場合は，同書276頁において，労使直接交渉型は自律的交渉型，中立機関介在型は制約的交渉型，政府中心型は自律的非交渉型，人事機関中心型は制約的非交渉型と命名されている。それぞれの国別内訳は国の場合と地方では若干，異なっているが，日本は同じ類型である。

基本権が完全に保障されている場合，労使対等原則に基づく労使直接交渉は名実ともに限りなく保障され得るが，労働基本権が完全に制約されている場合，政府主導の一方的賃金決定ないし人事機関主導の賃金決定にならざるを得ないことが分かる。ただし，ここで人事機関というのは，すでに述べたような意味での賃金調整機関ではない。それは，労働基本権制限の代償機関という意味である。

では，そうした労働基本権の在り方に基づく公務員賃金決定の国際的類型を前提に置きつつ，日本における公務員賃金決定制度のあるべき姿を探るために，さらに話を進めよう。

(3) 労働基本権制限と代償措置＝勧告制度

労働基本権が制限されたもとでは，労使対等原則に基づく賃金交渉自体が成立しないのはいうまでもない。戦後，1948年のマッカーサー書簡・政令201号以来，公務員賃金決定制度としては，労働協約締結権を含むという意味での労使賃金交渉は成立しなくなり，現在に至っている。

労使賃金交渉を代替するものとして，労働基本権制限の代償機関である人事院ないし人事委員会による代償措置＝勧告制度が設けられ，勧告とその実施によって公務員賃金は改定されてきた。だが，代償措置はあくまで代償に過ぎず，本来のものではあり得ない。代償措置ではない労働基本権の全面回復が歴史的課題となり，今日まで引き継がれている。

労働基本権の全面回復，それは労使対等原則に基づく労使賃金交渉が成立するための必須条件である。公務員賃金決定の国際的類型に沿っていえば，労働基本権の完全保障の場合，労使直接交渉型の賃金決定になり得るし，中立機関介在型の労使交渉にもなり得る。念のためにいえば，中立機関介在型といっても，あくまで労使合意のうえという前提に立って，労使双方が中立機関の介在を承認し合うということであり，労働基本権制限の代償措置＝勧告制度とは全く異質の性格のものである。

(4) 労働基本権の全面回復に向けて

労働基本権の全面回復，すなわち，労働基本権制限の代償措置＝勧告制度

終章　公務員賃金決定と労働基本権　203

ではなく，労働基本権の全面回復による労使対等の団体交渉を目指し，これまで長年，運動が展開されてきた。

とりわけ，1950年代後半に始まるILO87号条約批准闘争とその後の裁判闘争，60年代後半からのスト権回復闘争など総評時代の春闘，労働運動の高揚の中で，労働基本権の全面回復闘争もまた高揚した。やがて90年代末から2000年代に入り，グローバル化と行財政改革による公的部門の市場化が進んだことを背景に，労働基本権規制の見直しの動きが生じ，労働基本権回復の運動も新たな段階に入った。

他方，2000年代に入り，連合と全労連の訴えを受けたILOという国際的な場において，「国の行政に直接従事しない公務員への，結社の自由の原則に沿った団体交渉権及びストライキ権の付与」という理事会勧告が，2002年以来すでに9次にわたり，日本政府に対し行われてきた。ILO加盟国の中で，公務員の労働基本権，とくに争議権を制限している国は，日本など数えるほどであり，経済的には最先進国の一つである日本は，公務員の労働関係では最後進国の一つであった。

（5）　国家公務員労働関係法案―国会提出と廃案へ

労働基本権の全面的回復へ向けての国内外の圧力が強まるなかで，ようやく2008年，自公政権下，国家公務員制度改革基本法（平成20年，法68）が成立し，国家公務員への労働基本権付与・拡大の方向性が法的に確認された[3]。やがて，2011年6月，民主党政権下で，国家公務員制度改革関連四法案の一つとして，国家公務員労働関係法案が策定され，国会に提出された。一般職の国家公務員に労働協約締結権を付与し，給与などの主な勤務条件については，人事院勧告制度に依らず，労使団体交渉で決めるという画期的な内容であった。先の国際的類型に沿っていえば，労働基本権保障のもとでの賃金決定の類型に一歩，近づいた位置にあるということができる。

だが，この法案は，東日本大震災等による財減難克服をうたう給与改定・

---

[3]　とりわけ，「政府は，協約締結権を付与する職員の範囲の拡大に伴う便益及び費用を含む全体像を国民に提示し，その理解のもとに，国民に開かれた自律的労使関係制度を措置するものとする」（第12条）という規定が，その核心をなしていた。

臨時特例法案（平均7.8％の賃下げ）とセットであった。結局，給与改定・臨時特例法は成立し，2012年4月から2年間，平均7.8％の賃下げが実施されたが，国家公務員制度改革関連四法案は，自民党などの反対と政権交代によって成立せず，廃案となった。

だが，長年にわたる労働基本権回復への内外の強い圧力による一つの到達点であることは確かであり，今後，公務員の労働基本権保障についての立法構想にあたり，踏まえられるべき到達点でもあることは確かである。

（6） 国家公務員労働関係法案の意義と問題点

国家公務員労働関係法案は，人事院勧告制度に依らず，一般職国家公務員への給与など勤務条件に関する団体協約締結権を付与し，賃金調整機関として中央労働委員会を位置づけ，三者構成の賃金決定制度を打ち出した点では画期的意義を有していた。

だが，労働基本権のうち，団結権[4]，協約締結権を含む団体交渉権はひとまず保障しているが，争議権は否認したままであった。当面の問題である公務員賃金決定に関わる団体交渉と団体協約締結権に関していえば，①団体交渉にあたって管理運営事項を除くとして団体交渉事項を制限し（第10条2項），②団体協約を締結する際，内閣の事前承認制を制度化することで，協約締結権を制限した（第14条2項）。③団体協約と給与法定主義および団体協約の効力に関連して，ⅰ）内閣に法律案の国会提出義務を課し（第17条1項），ⅱ）会期中に法律案が通らなかった場合，協約は効力を失い（第18条1項），ⅲ）国会で法律案が修正された場合，それにてい触する範囲で効力を失うとして（第18条2項），給与法定主義を自明の前提とし，かつ実質的に協約の効力を弱めるものになっていた。④さらに，中央労働委員会の仲裁裁定について，内閣に実施義務を課さず，努力義務に留めていた（第40条）。この場合，争議権は否認されているから，かつての公共企業体等のように，仲裁裁定実施問題が発生しても不思議ではない[5]。

---

[4] 団結権の保障といっても，労働組合の認証制を導入し，認証の可否で取り扱いを差別している。結社の自由原則との関係で大いに疑義がある。

このように，さしあたり団体協約締結権を保障するといっても，同法案には多くの問題点が含まれていた[6]。そこで，同法案を念頭に置きながら，以下，①労働協約締結権と給与法定主義の関係，②公務員賃金決定の基準との関係について考察を進めよう。

（7）　団体交渉制度と給与法定主義

まず，労働協約締結権を含む団体交渉制度と給与法定主義の関係について考えてみよう。国家公務員労働関係法案では，労働協約の締結後，内閣にその実施に必要な法律案を国会に提出することを義務づけ，国会の議決を経るとしている。労働協約締結権を認めても，給与法定主義は自明の前提とされている。

給与法定主義が，国民の代表者である議会をつうじ，間接的にではあれ，使用者であり納税者である国民の納得性を得るという本来の理念からすれば，問題ないように見えるが，実はそうではない。

第一に，そもそも公的部門におけるどの範囲の職員が，議会の同意＝給与法定を要するかが検討されなければならない。労働協約締結権のない特別職国家公務員ならいざ知らず，一般職の国家公務員の場合，労働協約がなぜ議会の同意＝給与法定を必要とするか，それ自体が検討されなければならない。

たとえば，現に一般職の国家公務員である行政執行法人職員や地方公営企業職員の関わる労働協約については法定を必要としない。また，先進国の例を見ても，イギリスの幹部公務員を除く一般公務員およびドイツの官吏を除く公務被用者の場合，労働協約締結だけで実施に至っており，議会の同意を必要としていない[7]。

---

5)　1950年代，当時の3公社5現業では，仲裁裁定がそのままでは完全に実施されなかった。それに対する抗議の実力行使→行政処分から，やがて争議権を含む労働基本権の全面奪還闘争が高揚し，ILO87号条約批准闘争へと発展していった。

6)　国家公務員制度改革関連四法案には，人事院を廃止し，代わって人事公正委員会や内閣人事局の設置，団体交渉における政府側機関である公務員庁の設置が盛りこまれていた。だが，人事院の廃止とそれに代わる諸機関の設置は，中立的で公正な人事行政の確保という観点からすれば，はなはだ疑問の多い提案であった。そのうち，内閣人事局の設置は，2014年5月，自民党政権のもとで実現している。

団体協約締結権があっても，公務員であれば必ず議会の同意＝給与法定を要するという前提自体が議論になり得る。言いかえれば，労働協約締結という労使間自治と国民（議会）との関係の在り方自体，議論を経ることが必要とされる。

第二に，もし団体交渉の妥結内容に基づき，それを法律案として議会に提出するとしても，何をどの程度，法律案に盛りこむか，別に言いかえれば，何をどの程度，当事者の裁量範囲としての協約締結事項に任せるかが問題として存在する。団体交渉の成熟度とも関わる論点である。

第三に，給与法定以前の次元ではあるが，労使交渉が不調で中労委にかかり，仲裁裁定が出された場合の取り扱いも疑問が残る。その実施について，内閣は実施義務を負わず，努力義務に留めるとしているが，かつて一大争点となった公共企業体等の仲裁裁定実施問題の再燃さえも想定される。争議権は否認されたままであるから，なおさら致命的問題が含まれている。

いずれにせよ，公務員賃金決定における労働協約締結権と給与法定主義との関係は，さらに検討を要するきわめて重要な論点が多々，残されている。

（8） 団体交渉制度と公務員賃金決定の基準

公務員賃金決定の基準が，団体交渉といかなる関係にあるかは，団体交渉の成熟度の如何によって，いくつか想定され，可変的である。ただ，少なくとも現行のように，人事院がその権限において民間準拠原則に基づく調査を行い，一方的に官民賃金格差を算出して勧告化するという仕組みでなくなることは確かである。

だが，公務員賃金が，民間賃金の動向を基礎としつつ，官民賃金均衡原則に基づき決められること自体は妥当であろう。官民賃金均衡原則とは，別に言いかえれば，民間賃金準拠の原則である。同時に，その賃金で生活できなければならないという意味で，生計費が決定基準として重要な意味を持つことも自明であろう。

公務員賃金決定についての団体交渉において，官民賃金均衡原則，具体的

---

7) この点，人事院『公務員白書』（平成24年版）を参照されたい。

には民間準拠の原則に則り，現実にどう具体化していくかも含め，労使交渉事項でもある。

その場合，労使合意のうえで，中立的な第三者機関に官民賃金比較調査を委ね，その結果に基づき，交渉で決める方式もあり得る。先に示した図6-1公務員賃金決定の国際的類型に沿っていえば，中立機関介在型というタイプである。その点に関わって，これまで人事院が担ってきた官民賃金比較調査のノウハウは無視できないと思われるが，人事院の廃止によって，それがどうなるかは定かではない。

あるいは，労使合意が成立せず，中労委の仲裁裁定に委ねる場合も想定される。その場合は，中労委が何らかの官民賃金比較基準と調査のノウハウを持つことが前提となるが，それが現実的に可能かどうかは不明である。

それ以外にも予想されるパターンが存在し得るが，いずれにせよ，官民賃金均衡原則および民間賃金準拠の原則に則り，しかも生計費に裏打ちされた賃金交渉が成立するための諸前提をめぐって問題が残されたままである。

2　公務員賃金水準，職務給原則

（1）　公務員賃金水準

一定の賃金決定制度，賃金決定基準のもとで，では賃金の何を決めるかが問題になる。賃金決定の中身の問題であるが，それは賃金水準と賃金支払いの形態・体系という二つの内容からなる。

賃金水準は，個別的な賃金の受け取り額の高さの集積であり，具体的には国・産業・企業など労働者集団の賃金の平均水準を意味する。その場合，"望ましい"賃金水準は，①明日もまた同様に働くことのできる賃金，別に言いかえれば，生活できる賃金であり，②そうした賃金によって，安定的なライフサイクルが形成できる賃金であるといえるであろう。

この点は，性別や正規・非正規の如何を問わない。今日の日本の雇用情勢を見るにつけ，均等処遇の原則，ジェンダー平等の原則が不可欠であることを改めて強調しておこう。

では，公務員の場合はどうか。公務員の場合，そのほかに，③国民全体への奉仕者として職務に専念できる賃金であることを付け加える必要がある。

　国民全体への奉仕者である公務員は，職務に専念する義務を課され，それ故，兼業も禁止される。それだけに，公務労働＝公務員の職務の遂行にあたって，安心して職務に専念できる賃金であることが要請される。

　そもそも公務労働は，つねに公共的性格を有し，かつ知識・能力・理解力・事務処理能力等といった高度の専門性が要請される労働である。そうした公共性と専門性に裏づけられた行政サービスの安定的提供のためには，その担い手＝公務員という人材もまた，安定的に確保されなければならない。安心して職務に専念できる賃金であることが要請されるのは，公共性と専門性の担い手にふさわしい人材の確保と活用に関わっている[8]。

　このように，公務員賃金の水準に関しては，①民間賃金水準の動向，②それを反映する公務員賃金の決定基準＝官民均衡（民間準拠）とともに，③職務専念義務を安心して果たすことのできる賃金という三つの要素から考える必要がある。

　したがって，企業規模や地場賃金など民間賃金への準拠基準を一方的に引き下げ，賃金水準を限りなく下方修正する現行の公務員賃金政策は，きわめて妥当性を欠いている。同時に，第5章「公務員賃金決定の社会・経済的影響」で明らかなように，公務員賃金決定はその波及をつうじ，さらに民間賃金の動向に影響を及ぼしている。その波及サイクルから考えても，現行の公務員賃金政策の在り方は，日本の賃金水準を押し下げ，ひいては内需に依拠

---

8) "公務員バッシング"の一環として，よく公営バス運転手の賃金など現業職（ブルーカラー）の賃金が，民間の同様な職種に比べて高いので，それを引き下げるべきだといった指摘がなされることがある。この指摘は，公務員賃金は民間に準拠すべしということを機械的に捉え，"公務員バッシング"の観点から，民間並みに引き下げるべきだということを一方的に主張しているのであり，その意図自体が正しくない。

　この場合，公務労働の専門性は，職種別で考えた場合，独立したものとしては成立しない。ただ，この場合にも公務労働の公共性は，公務労働者の雇い主が政府（自治体）である故，厳然として存在する。その雇い主である政府（自治体）が，"model employer"として，公務部内均衡を考慮しつつ，上方修正的に民間の類似職種の賃金とリンクさせるという関係は，官民均衡原則としてあり得る原則であり，民間準拠だから直ちに引き下げるべきという考え方自体が問題なのである。

した国民経済の健全な発展を阻害する役割を果たしているといわざるを得ない。

（2） 職務給原則とその現状

① 職務給原則の重要性

公務員賃金の支払い方としての形態・体系に関わって，とくに職務給原則とその現状について検討することにしよう。

まず，公務員賃金における職務給原則の重要性が改めて確認されて然るべきであろう。そもそも，行政サービスの提供＝公務労働は，法の下に平等な国民に対して斉一でなければならない。そうした行政サービス＝公務労働の斉一性を人的に担保するには，公務員の賃金など勤務条件もまた等しくなければならない。職務給原則は，行政サービスに対応した職務設定という考え方に最も即応しており，それ故，欧米や日本で長年，歴史的に採用されてきた賃金原則である。

もっとも，すでに第2章で見たように，日本の公務員賃金における職務給原則は，職務分析，職務評価を経た本来の意味では実現せず，1957年の給与制度改革以来，暫定的性格を持っているのは否めない。とはいえ，職務給原則は現在も基本原則として重要な意味を持っている。

だが，2000年代に入り，給与構造改革，給与制度の総合的見直しによる基本給引き下げと地域手当の創設・拡大により，全国斉一な基本給部分の比重が低下しつつあり，その意味で職務給原則の形骸化が進みはじめている。この点，全国斉一な行政サービスの提供を担保するという観点からしても，職務給原則に逆行する措置として看過できない。

② 職務給原則と賃金上昇カーヴ

職務給原則に関連して，基本給における賃金上昇カーヴとの関係をどう考えるかが一つの重要な論点となり得る。この場合，職務給原則は，勤続・経験によって得られる職務のグレードアップを内包する原則であり，したがって，職務を遂行する人のライフサイクルに応じた生計費用と不可分の関係にあることの理解が重要である。

その意味で，そもそも職務給原則は，賃金上昇を排除するものではない。職務給原則＝勤続・経験を積むことによる職務のグレードアップを含む原則は，当然のことながら，職務を担う人のライフサイクル＝生計費用と連動する。それ故，職務給原則の下で，勤続・経験に応じ賃金上昇カーヴが描かれるのは当然である。

　したがって，著しい"上厚下薄"の賃金上昇カーヴは是正されて然るべきであるが，職務のグレードアップとライフサイクル，生計費用に対応した賃金上昇カーヴは維持されて然るべきであろう。

　ところが，すでに第3章で検討した給与制度の総合的見直しにおける世代間の給与配分の見直しは，その点に鑑み，大きな疑問がある。50歳台後半層の役職段階別構成には，民間と公務では大きな違いがあり，実際には民間の非役職者と公務の役職者を比較しているに等しいにもかかわらず，官民比較から直ちに公務が高いとして給与を引き下げるのはあまりにも説得性に欠ける。

　むしろ，初めに結論ありきで，給与構造改革以来，賃金原資を増やさずに節約しつつ，いかに賃金上昇カーヴをフラット化させるかが意図されているとしか言いようがない。

　給与構造改革といい，給与制度の総合的見直しといい，ただ時流に乗って進むのではなく，職務給原則の基本理念に立ち帰り，もっと安心して職務に専念できる給与制度の構築のため，当事者の納得と合意の形成を目指すことこそが必要であろう。

3　むすび

　21世紀に入っての日本の公務員賃金決定問題の現状は，賃金決定制度と労働基本権，賃金水準と職務給原則のいずれの側面から見ても，解決すべき基本的課題が横たわっている。

　賃金決定制度と労働基本権については，やはり労働基本権の完全回復という歴史的課題の実現が不可欠であろう。労使対等原則に基づく団体交渉と労働協約締結のためには，労働基本権の完全回復が必須の要件である。

賃金水準については，2000年代における公務員賃金水準の引き下げは，その影響の波及サイクルから見た場合，内需に依拠した国民経済の健全な発展という観点からも，きわめて深刻な事態である。

　イギリス，アメリカ，ドイツ，フランスという先進4ヵ国では，「過去数十年間，国家公務員の給与水準が引き下げられた例はない[9]」のであり，日本における公務員賃金引き下げがいかに異例な出来事であるかが分かる。

　それだけでなく，2000年代に入り，給与構造改革，給与制度の総合的見直しによって，職務給原則の形骸化が進んでいる。全国斉一な行政サービスの提供を公務員が担保するのに適合的な職務給原則を形骸化させるのは，法の下の平等の観点からも憂慮すべき政策方向である。

　公務員の賃金労働諸条件に関する労使対等原則に基づく労使交渉と合意原則がいまこそ必要とされている。

---

[9]　人事院『公務員白書』（平成24年版），p.63.

参考文献・資料

浅井清（1970）『国家公務員法精義』学陽書房。
足立忠夫（1951）『近代官僚制と職階制』学陽書房。
稲継裕昭（2000）『人事・給与と地方自治』東洋経済新報社。
稲継裕昭（2005）『地方公務員給与序説——給与体系の歴史的変遷』有斐閣。
今井一男（1958）『実録　占領下の官公労争議と給与——大蔵省給与局長の回想』財務出版。
鵜飼信成・長浜政寿・辻清明編（1957）『公務員制度』勁草書房。
鵜養幸雄（2010）「職階法へのレクイエム」『立命館法学』2010年2号（330号）。
宇賀克也（2011）『地方自治法概説（第4版）』有斐閣。
遠藤公嗣編著（2013）『同一価値労働同一賃金をめざす職務評価——官製ワーキングプアの解消』旬報社。
大河内一男編（1966）『資料戦後20年史4・労働』日本評論社。
大河内一男編（1967）『現代労働問題講座・賃金政策』有斐閣。
太田聰一（2013）「地方公務員給与の決定要因」『日本労働研究雑誌』No.637 2013年8月。
太田肇（2011）『公務員改革——彼らの〈やる気〉が地域社会を変える』ちくま新書。
尾形憲（1974）「私立大学教職員の賃金実態」法政大学経済学会『経済志林』41巻2号。
小原昇（2000）『地方公務員の勤務条件と労使関係』学陽書房。
鹿児島重治・森園幸男・北村勇編（1988）『逐条国家公務員法』学陽書房。
片木淳（2013）「地方公務員給与の削減と地方交付税」『公営企業』2013年5月。
川崎一泰・長嶋佐央里（2007）「地域における給与の官民格差——なぜ，地方では公務員人気が高いのか」『会計検査研究』No.36 2007年9月。

川村祐三（1997）『ものがたり公務員法』日本評論社。
川村祐三（2005）「公務の人事評価をめぐる諸問題」国公労連『国公労調査時報』2005年6月号，No.510。
官製ワーキングプア研究会編（2010）『なくそう！官製ワーキングプア』日本評論社。
上林陽治（2012）『非正規公務員』日本評論社。
上林陽治（2015）『非正規公務員の現在——深化する格差』日本評論社。
黒田兼一・小越洋之助編（2014）『公務員改革と自治体職員——NPMの源流・イギリスと日本』旬報社。
黒田兼一・小越洋之助・榊原秀訓（2015）『どうする自治体の人事評価制度——公正，公開，納得への提言』自治体研究社。
厚生労働省（2013）『平成25年社会福祉施設等調査』
国鉄労働組合編（1996）『国鉄労働組合50年史』労働旬報社。
国公労連編（1990）『公務員賃金闘争読本』学習の友社。
国公労連調査政策部（2012）「『国公労連人事評価アンケート』結果について」『国公労調査時報』2012年11月号，No.599。
坂弘二（2004）『地方公務員制度（第七次改訂版）』学陽書房。
佐藤功・鶴海良一郎『法律学体系コンメンタール篇15　公務員法』日本評論新社。
自治労（2006）『2006年版 自治体労働者の賃金——その仕組みと問題点』自治労出版センター。
自治労（2010）『自治体臨時・非常勤等職員の手引き2010年改訂新版』自治労出版センター。
自治労（2015）『自治体臨時・非常勤等職員の手引き2015年改訂版』自治労出版センター。
自治労運動史編集委員会編（1974）『自治労運動史・第1巻』勁草書房。
人事院（1969）『国家公務員法沿革史』（記述編，資料編）。
人事院『公務員白書』（平成24年版）（平成27年版）。
人事院（1968）『人事行政二十年の歩み』。
人事院（1978）『人事行政三十年の歩み』。
全駐留軍労働組合（2008）『駐留軍労働者のステータスの確立』。
全駐留軍労働組合（2010）『在日米軍基地の労働と地域』。

全逓信労働組合編（1960）『資料ILO条約批准闘争史・第1巻』．
全逓信労働組合編（1975）『全逓労働運動前史・上巻』．
総務省（2008）「臨時・非常勤職員に関する調査結果について（未定稿）」．
総務省（2012）「臨時・非常勤職員に関する調査結果について（平成24年4月1日現在）」．
総務省（2013）『地方公務員給与実態調査』（平成25年）．
総務省（2014）『地方公共団体定員管理調査』（平成26年）．
総務省（2014）『第三セクターの状況に関する調査』（平成26年度）．
高寄昇三・山本正憲（2013）『地方公務員給与は高いのか――非正規職員の正規化をめざして』公人の友社．
地方公務員任用制度研究会編著（2002）『自治体の〈新〉臨時・非常勤職員の身分取扱（第1次改訂版）』学陽書房．
辻清明（1952）『日本官僚制の研究』弘文堂．
東京都区職員労働組合編（1983）『都職労の歴史・第1巻』．
飛田博史（2013）「地方公務員給与削減の地方交付税算定への影響について」『自治総研』通巻416号，2013年6月．
内閣人事局・人事院『人事評価マニュアル』平成26年6月版．
内閣府（2014）『平成26年公益法人の概況』．
中野剛志（2012）『官僚の反逆』幻冬舎新書．
中村圭介・前浦穂高（2004）『行政サービスの決定と自治体労使関係』明石書店．
西村美香（1999）『日本の公務員給与政策』東京大学出版会．
日本学術会議科学者の待遇委員会（1974）『大学教員―その待遇の実態』．
日本郵政グループ（2014）『日本郵政グループの概要』．
日本労働協会編（1969）『三公社五現業賃金紛争調整実態の研究』日本労働協会調査研究資料No.80，日本労働協会．
濱口桂一郎（2011）『日本の雇用と労働法』日本経済新聞出版社．
早川征一郎（1984）「人事院勧告凍結問題」法政大学大原社会問題研究所『日本労働年鑑』第54集，1984年版，労働法律旬報社．
早川征一郎（1997）『国家公務員の昇進・キャリア形成』日本評論社．
早川征一郎（2003）「公務員制度改革の内容と問題点」『労働法律旬報』2003

年1月上・下旬号,1543・44号.

早川征一郎(2010)「最近における人事院勧告の動向と直面する問題」法政大学経済学会『経済志林』77巻4号.

早川征一郎(2015)「非正規国家公務員をめぐる問題——歴史,現状と課題」 国公労連『KOKKO』創刊号,2015年9月号.

早川征一郎・松井朗(1979)『公務員の賃金——その制度と賃金水準の問題点』労働旬報社.

早川征一郎・松尾孝一(2012)『国・地方自治体の非正規職員』旬報社.

布施哲也(2008)『官製ワーキングプア——自治体の非正規雇用と民間委託』七つ森書館.

法政大学大原社会問題研究所編『日本労働年鑑』各年版.

法政大学大原社会問題研究所編『日本労働運動資料集成』各集版.

松尾孝一(1999)「日本におけるホワイトカラー組合運動——高度成長期までの地方公務員組合の運動を中心に」『経済論叢』第164巻第4号.

松尾孝一(2009)「公務労使関係の変化——庁内労使関係を中心に」久本憲夫編著『労使コミュニケーション』ミネルヴァ書房.

松尾孝一(2010)「公務部門改革下の公務労使関係——その変化と見通し」法政大学大原社会問題研究所・鈴木玲編『新自由主義と労働』御茶の水書房.

松尾孝一(2015)「地方公務員の賃金決定システムの変容と労使関係」『青山経済論集』第67巻第2号.

峯村光郎編著(1965)『各国の公務員制度と労働基本権』日本労働協会.

宮孝一訳監修(1951)『人事行政概論(上)(下)』聯合出版社.

森園幸男・大村厚至(2008)『公務員給与法精義(第四次改訂版)』学陽書房.

森園幸男・吉田耕三・尾西雅博編(2015)『逐条国家公務員法(全訂版)』学陽書房.

盛永雅則(2006)「給与法「改正」・退職手当法「改正」に伴う諸問題について」(国公労連『国公労調査時報』2006年1月号,No.517.

盛永雅則(2007a)「「勤務実績の給与への反映強化」と新たな人事評価の施行」国公労連『国公労調査時報』2007年3月号,No.531.

盛永雅則(2007b)「公務における人事評価制度のあり方と新たな人事評価制度検討への対応」国公労連『国公労調査時報』2007年12月号,No.540.

盛永雅則（2009）「公務員制度改革「工程表」の強行決定と人事行政の中立・公正」国公労連『国公労調査時報』2009年5月号，No.557。

盛永雅則（2012）「憲法違反の賃下げ法成立と自律的労使関係にほど遠い公務労働関係法案・人事行政の公正の確保を脅かす改革関連法案」行財政総合研究所『行財政研究』2012年6月号，No.82。

山瀬徳行（2001），「2001年公務大産別のたたかい」国公労連『国公労調査時報』2001年2月号，No.458。

労働省編『資料労働運動史』（昭和20～21年版）。

労働争議調査会編（1957）『戦後労働争議調整史録・上巻』。

B.V.Humphreys (1957), *Clerical Unions in the Civil Service*, Basil Blackwell, OXFORD.

Laura Camp Mosher, John Kingsley, Oscar Glenn Stahl (1950), *Public Personnel Administration, 3rd Edition*, Harper and Brothers, USA.

索　引

あ行

ILO	203
あるべき人事評価制度	106
―「長期」「複数」評価	106
―納得性	102, 106
―内発的動機付け	106
―人材育成	106
―チームワーク	104, 107
―組織力	107
池田・太田会談	50
一職一級原則	128
一般職の職員の給与に関する法律	30, 35, 162
NPM	147

か行

確定闘争	140
官公吏待遇改善委員会（官待）	40
勧告留保（1954年）	44
勧告留保（2013年）	60
官民給与格差	132
官民比較企業規模	29, 51, 62, 81
管理運営事項	124, 146
基本給改定なし勧告（2000, 01, 04, 06, 08, 12年）	60
基本給引き上げ勧告（2007, 2014～15年）	62
期末・勤勉手当	82
級別職務分類表	129
級別定数	30
級別標準職務表	126
給与改定・臨時特例法	19, 60, 137, 204
給与構造改革	65, 71, 128, 129, 132, 144, 147
―地域における公務員賃金水準の見直し	71
―年功的な俸給構造の見直し	71
―勤務実績に基づく処遇	72
―俸給表水準の引き下げ	72
―地域手当の新設	72
―勤務実績の賃金への反映	73
給与構造改革と総合的見直し	189
―公務員賃金の地場賃金化	84, 189
―地域別最低賃金の固定化	189
―産業連関表	182, 194
給与条例	152
給与審議会（給審）	40
給与制度の総合的見直し	67, 75
―世代間の給与配分の見直し	77
―地域間の給与配分の見直し	76
給与引き下げ勧告（2002, 03, 05, 09, 10, 11年）	61
給与法定主義	24, 205
教員人材確保法	54
行政執行法人の労働関係に関する法律	23, 25, 37, 163
均衡の原則	121
勤務条件	121, 124
勤務条件法定（条例）主義	125, 138
勤務評定	87
現業地方公務員	125
公平委員会	122, 140
公務員共闘会議	49, 52, 54
公務員制度改革	119, 147
公務員制度改革大綱	63, 69, 88
公務員賃金決定の経済的影響	180
―労働総研　2011年5月	181
―産業連関表	182, 194
―京都自治労連　2011年7月	182
―国公連2014年8月	183
公務員賃金決定の国際的類型	147, 200
公務員賃金決定の社会的影響	161, 178
―検察官	37, 163
―特別職国家公務員	163
―行政執行法人職員	37, 163
―非常勤の一般職国家公務員	164

—独立行政法人職員　165
　—国立大学法人教職員　166
　—駐留軍労働者　167
　—特殊法人職員　169
　—認可法人の職員　170
　—日本郵政グループ職員　171
　—私立学校教職員　172
　—民間病院等従事者　172
　—公益法人の職員　173
　—一般職地方公務員　174
　—地方公営企業職員　175
　—特別職地方公務員　175
　—自治体臨時・非常勤職員　175
　—地方独立行政法人の職員　176
　—地方公社，第三セクターの職員　177
　—農協・漁協・森林組合の職員　177
　—社会福祉関係従事者　178
公務員の種類　35
　—国家公務員　35
　—地方公務員　35, 174
　—一般職　35, 163
　—特別職　35, 163
　—検察官　37, 163
　—行政執行法人職員　37, 163
　—非常勤職員　37, 162, 164
公務員バッシング　62, 208
公務員労働者　15
　—イギリス　15
　—日本　16
公務労働　14, 208
公務労働の公共性と専門性　14, 208
公労委　45, 50, 164
公労法　23
50歳台後半層の公務員賃金　80
国家公務員給与改定・臨時特例法　135, 137
国家公務員法　21, 35
国家公務員労働関係法案　203
「国公準拠」の修正　135

さ行

財政民主主義の原則　125
再度任用　156

査定昇給　130, 145
産業連関表　182, 194
自治労　138
地場賃金　144
15級職階制　28, 42, 48
春闘　138
春闘積み残し分　51
情勢適応の原則　26, 29, 120
条例主義の原則　121
職員団体　124
職務給の原則　27, 28, 68, 78, 85, 116, 121, 126, 128, 143, 144, 209
職務職階制賃金　13, 18, 28, 42
職務専念義務　208
職務評価　121
職階制　86, 121, 126
15級制　28, 42, 48
自律的の労使関係　18, 134, 147, 148, 203
人勧実施時期問題　50, 52
人事委員会　122, 127, 139
人事院勧告　127
人事院勧告制度　23, 26, 45, 202
人事院勧告の変遷　38
　—時期区分　38
　—敗戦と戦後初期＝1945年8月～48年後半　38
　—日本資本主義の再建，戦前水準回復期＝1948年～54年　42
　—高度成長初期，春闘成立期＝1955～59年　45
　—高度成長本格化，春闘高揚期＝1960～74年　49
　—低成長期，春闘低迷期＝1975～89年　54
　—バブル経済崩壊，長期不況期＝1990～99年　57
　—デフレ経済基調期＝2000～2015年　58
人事評価　87
新人事評価制度　66, 85
　—標準職務遂行能力　90

―人事評価の方法	90	―ティラー・システム	13
―人事評価の種類	91	―職務職階制賃金	13
―対象者	91	積み上げ型褒賞システム	145
―人事評価のプロセス	92	天皇の官吏	16, 25
―特別評価	92	通し号俸制	28, 48, 140
―苦情への対応	92	特別職の国家公務員の給与に関する法律	37, 163
―人事評価の活用	92		

な行

―人事評価制度の運用実態	93	二・一ゼネスト	40
―期首・期末面談	93	2,920円職階制ベース賃金	41
―目標管理	94, 105	能力・実績主義	126, 145
―パワーハラスメント	98	能力等級制	63, 66, 70
―公正・客観的な評価	99		

は行

―人材育成とチームワーク	101	非現業一般職	119, 121
―納得性	102, 106	非現業地方公務員	122
―人材育成とモチベーション	103	非正規国家公務員（非常勤職員）	37, 110, 164
―チームワーク	104, 107		
生計費	29	―定員法	110
生計費原則	143, 144	―総定員法	110
1957年俸給制度改定	28, 48	―職業相談員	112
1982年の人事院勧告実施見送り	56	―期間業務職員	112
1960年大幅ベア勧告	49	―不安定な雇用保障	113
全体の奉仕者	125	―日日雇用職員制度	113

た行

		―任用中断期間	113
第1回勧告	42	―賃金水準	12, 114, 154, 164
団体協約締結権	135, 138, 204	―常勤職員との権衡	114, 164, 175
地域間賃金格差	132, 143	―定員化・本務化	118
地域手当	72, 79, 133, 141, 143	―処遇の改善	118
地公賃金攻撃	54	非正規地方公務員	149, 175
地公労法	22, 25, 175	―臨時的任用職員	149
地方交付税	135, 137	―特別職非常勤職員	150
地方公務員法	21, 120	――般職非常勤職員	150
地方自治法	120	―任期付職員	150
地方独立行政法人法	176	―任期付短時間勤務職員	150
地方分権	139	平等取扱の原則	120
中央労働委員会	39, 45	物価水準の地域間格差	143
仲裁裁定	44, 50, 52, 206	俸給表	30
調整手当	132, 141	本格的賃金闘争	53
賃金	11		
―本質	11		
―賃金水準	12, 114, 154		
―賃金形態・体系	12		

ま行

マッカーサー書簡・政令201号
　　　　　　　16, 23, 25, 40, 42, 202
民間賃金準拠（の原則）
　　　　　　　26, 29, 50, 121, 206

ら行

ラスパイレス指数　　　　127, 129
臨時・非常勤職員　　　　152, 156
労働基本権　16, 21, 25, 122, 138, 200, 202
労働協約締結権　　　　　　21, 202

わ行

ワタリ　　　　　　　　　129, 140

編著者紹介

早川征一郎（はやかわ・せいいちろう）
法政大学名誉教授，大原社会問題研究所名誉研究員。
序章，第1章，第2章，第3章4，第5章1，終章 ―担当

盛永雅則（もりなが・まさのり）
国公労連（日本国家公務員労働組合連合会）常任顧問。
行財政総合研究所理事。
第3章1，2，第5章2 ―担当

松尾孝一（まつお・こういち）
青山学院大学経済学部教授。
第4章 ―担当

西口　想（にしぐち・そう）
国公労連（日本国家公務員労働組合連合会）書記。
第3章3 ―担当

公務員の賃金――現状と問題点
2015年12月25日　初版第1刷発行

編 著 者	早川征一郎・盛永雅則・松尾孝一
デザイン	河田　純
発 行 者	木内洋育
発 行 所	株式会社 旬報社
	〒112-0015 東京都文京区目白台2-14-13
	TEL 03-3943-9911　FAX 03-3943-8396
	ホームページ http://www.junposha.com/
印刷製本	中央精版印刷株式会社

©Seiichiro Hayakawa 2015 Printed in Japan
ISBN978-4-8451-1434-4　C0036